La cuisine chinoise

Du même auteur

La Cuisine vietnamienne et chinoise
Éditions Marabout. Traduit en allemand

La Cuisine chinoise végétarienne
Éditions Guy Authier

NGUYEN NGOC RAO

La cuisine chinoise

Le Livre de Poche

Introduction

La cuisine chinoise
à votre portée

A l'heure où les sociétés occidentales sentent impérieusement le besoin d'une nutrition saine et équilibrée, elles en viennent de plus en plus à apprécier la cuisine chinoise. En effet, cette cuisine est non seulement fort savoureuse mais également très digeste ; elle est l'heureux fruit de l'union entre la gastronomie et la diététique. Grâce à elle, on peut s'adonner aux plaisirs de la table sans se soucier de sa ligne ni de sa santé. C'est ce qui explique le succès croissant des restaurants asiatiques dans de nombreuses villes occidentales.

Apprenez à cuisiner chinois

Ce livre se propose de vous aider à confectionner facilement une centaine de plats chinois sains et délicieux. Est-ce vraiment possible ? Parfaitement. La cuisine chinoise n'est pas inaccessible à la maîtresse de maison occidentale comme on a tendance à le croire. Je dirais même que, si vous suivez scrupuleusement les indications données dans ce guide, vos préparations n'auront rien à envier à celles des chefs les plus renommés.

Le problème des ingrédients

Ce problème, comme vous allez le voir, est un faux problème. Vous pouvez réaliser pratiquement ces cent recettes *sans avoir besoin d'ingrédients inconnus en France.* En effet, la cuisine chinoise, étant par nature d'une souplesse extrême et ne connaissant aucun interdit alimentaire, fait usage de tout ce qui est comestible et laisse libre cours à votre imagination. Bien entendu, la cuisine chinoise, comme toute autre cuisine, fait appel à des produits du terroir, mais elle prévoit pour chaque recette un très large éventail de produits de remplacement. Si vous n'avez pas de châtaignes d'eau, par exemple, vous pouvez les remplacer par du céleri en branche ou des radis pour donner le goût désiré à un plat précis ; vous pouvez également substituer le poireau à la ciboule, de la gélatine à l'agar-agar, la sauce *ketchup* à la sauce *hoisin*, un apéritif blanc quelconque à l'alcool de Chao Xing, etc. En outre, puisque chaque plat comporte en général plusieurs ingrédients, l'absence d'un ou de deux de ces ingrédients ne constitue pas un obstacle ; il ne serait pas possible de faire un canard laqué sans canard, mais vous pouvez parfaitement faire le Chop Suey *(Recette 65)* en ne disposant, comme légumes, que d'une carotte et d'un petit concombre.

D'ailleurs, un très grand nombre de produits alimentaires chinois sont actuellement commercialisés en France et dans la plupart des pays occidentaux. Vous pouvez les trouver au rayon « produits exotiques » des supermarchés, dans certains magasins d'alimentation générale, dans les magasins de produits diététiques et les épiceries fines.

Vous trouverez, à la fin de notre ouvrage, une liste de quelques produits chinois que vous pourrez vous procurer facilement. Les possibilités de remplacement sont également indiquées.

Un problème : le temps

Le problème du temps, s'il se pose, ne s'applique pas uniquement à la cuisine chinoise. Car il ne vous faut pas plus de temps pour confectionner un plat chinois qu'un plat français, par exemple. La cuisine chinoise quotidienne a même certains avantages sur la cuisine française. En effet, compte tenu de la composition de la plupart de ses plats, elle se prête facilement à l'accommodation des restes — ce qui peut vous permettre souvent de gagner du temps. Ainsi le Riz cantonnais *(Recette 72)*, la Soupe pékinoise *(Recette 82)*, le Chop Suey *(Recette 65)*, ne sont en réalité que des plats utilisant les restes tout en étant d'une saveur incomparable. De plus, la grande liberté avec laquelle on peut accommoder divers ingrédients dans un même plat épargne fréquemment bien des soucis à la ménagère.

La nécessite de découper minutieusement les denrées avant de les faire cuire laisse parfois croire que la cuisine chinoise ne peut être confectionnée que par ceux ou celles qui ont des loisirs.

En réalité, il n'en est rien. Avec de la pratique, vous arriverez à découper très rapidement. Si le découpage demande un peu de temps, il réduit considérablement le temps de cuisson. Il peut se faire à l'avance alors que la cuisson doit se faire à un moment précis. Une maîtresse de maison qui donne une soirée chinoise peut la préparer bien à l'avance et ne s'éclipse ainsi que momentanément pour faire cuire ses plats. Signalons en passant que la technique chinoise de cuisson ultra-rapide conserve aux aliments toute leur saveur et leurs couleurs naturelles ainsi que toutes leurs propriétés diététiques.

Un grand nombre de plats chinois peuvent sans inconvénient être préparés et conservés au réfrigérateur, puis réchauffés au moment de leur consommation. C'est le cas, par exemple, des fameux Rouleaux de printemps *(Recette 73)*, du Riz cantonnais *(Recette 72)*, des Petits Pains farcis *(Recette 78)*, des Beignets de crevettes *(Recette 57)*, du Canard laqué *(Recette 20)*, etc.

Quelques conseils culinaires chinois

Le découpage

- Ayez toujours un ou deux couteaux bien aiguisés et une bonne planche.
- Découpez la viande toujours « contre le grain », c'est-à-dire perpendiculairement au sens des fibres. Le découpage d'une viande sera plus aisé si elle est légèrement gelée.

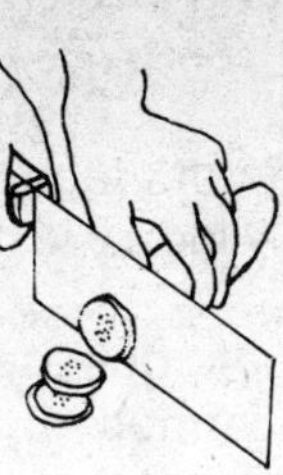

rondelles

rondelles obliques

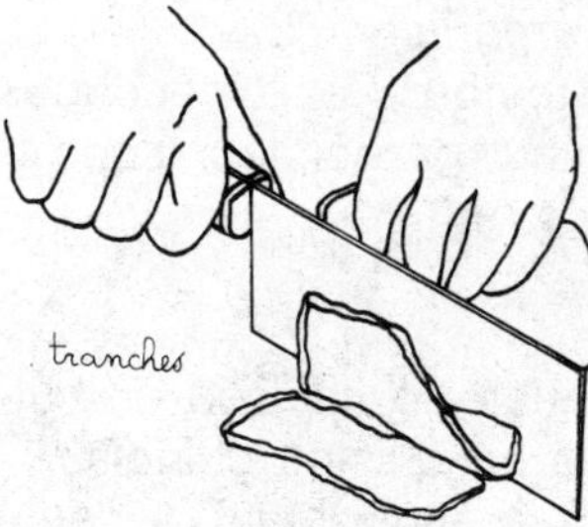

tranches

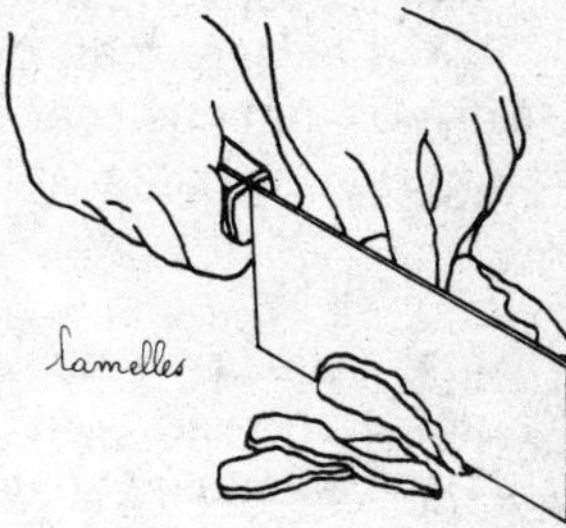

lamelles

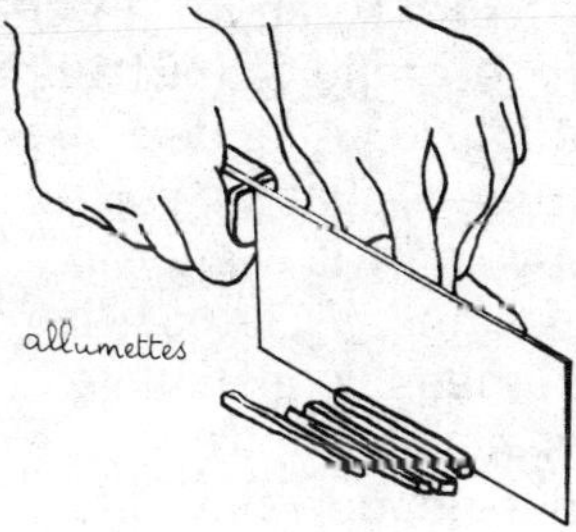

allumettes

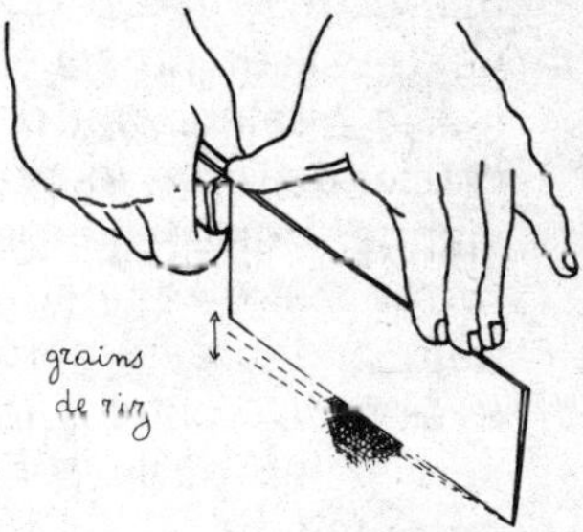

grains de riz

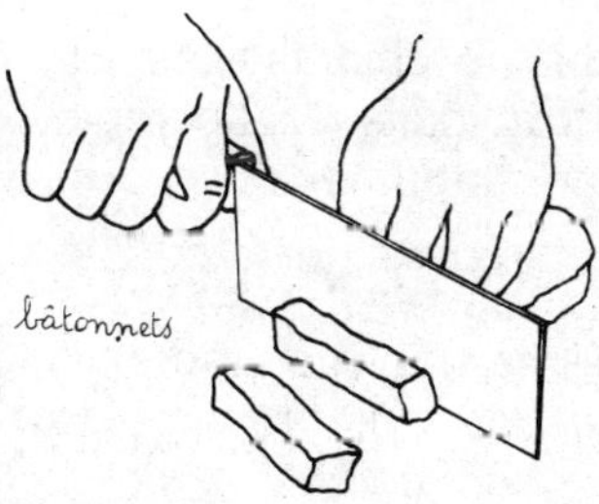

bâtonnets

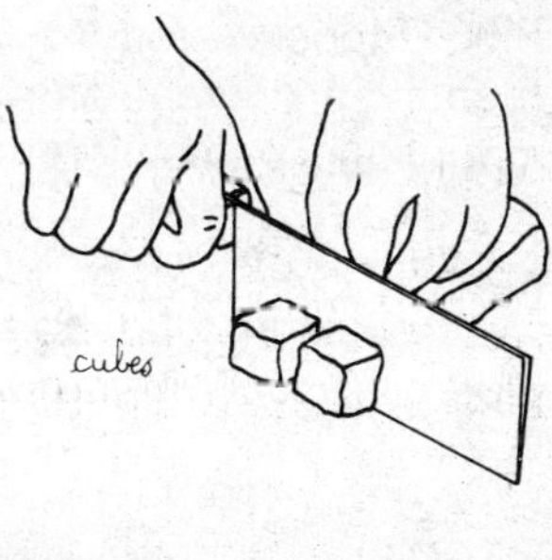

cubes

• Découpez obliquement les légumes fibreux (par exemple, le céleri) ou cylindriques (par exemple, la carotte).

• Selon chaque recette, on doit découper les denrées en morceaux aux formes et dimensions différentes — tranches, bâtonnets, dés, lamelles, allumettes, rondelles *(voir croquis)*.

• Les légumes doivent toujours être découpés et non hachés, car ils doivent garder leur consistance.

La cuisson

• La plupart des techniques de cuisson en cuisine française sont utilisées en cuisine chinoise.

• Le sauté chinois est pratiquement le seul mode de cuisson qu'il vous faut apprendre. Pour cela, utilisez presque toujours le grand feu. Chauffez la poêle avant de mettre l'huile. Attendez que l'huile soit sur le point de fumer avant d'y jeter viande, poisson ou légumes. A part la viande qui ne doit être remuée que de temps en temps, les autres denrées seront retournées constamment avec une spatule. Les plats sautés doivent être servis dès qu'ils sont prêts et ne doivent surtout pas attendre.

• Rappelez-vous qu'en cuisine chinoise les aliments ne doivent pas être trop cuits ; cette règle s'applique particulièrement aux légumes.

La cuisson à la vapeur

La cuisson à la vapeur mérite une mention spéciale. C'est le mode de cuisson qui préserve le

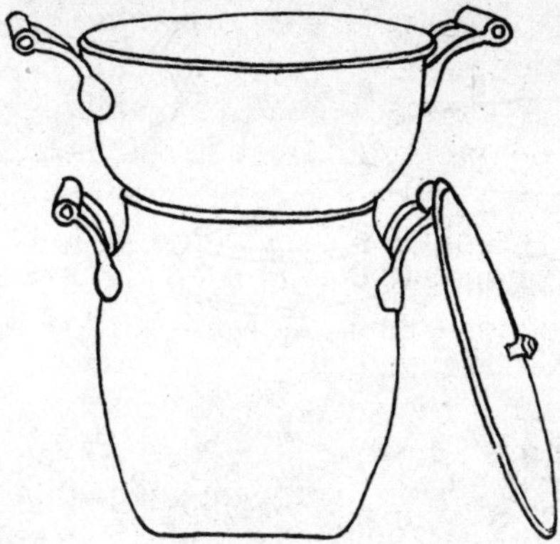

Couscoussier

mieux la fraîcheur des aliments tout en les rendant parfaitement digestes.

Pour cuire à la vapeur, on peut indifféremment utiliser l'un des ustensiles suivants qui sont tous en vente dans le commerce. Pour être bref, je ne ferai mention dans mes recettes que de l'ustensile improvisé : la *marmite à vapeur*.

• Le *couscoussier* se compose de deux faitouts en aluminium qui s'emboîtent l'un dans l'autre, le plus grand contenant de l'eau et le plus petit, percé de trous dans le fond et muni d'un couvercle, contenant les aliments à cuire *(voir croquis)*.

• L'*ensemble chinois* se compose d'une poêle bombée en acier inoxydable ou aluminium, appelée *wok*, d'un collier en métal permettant l'adapta-

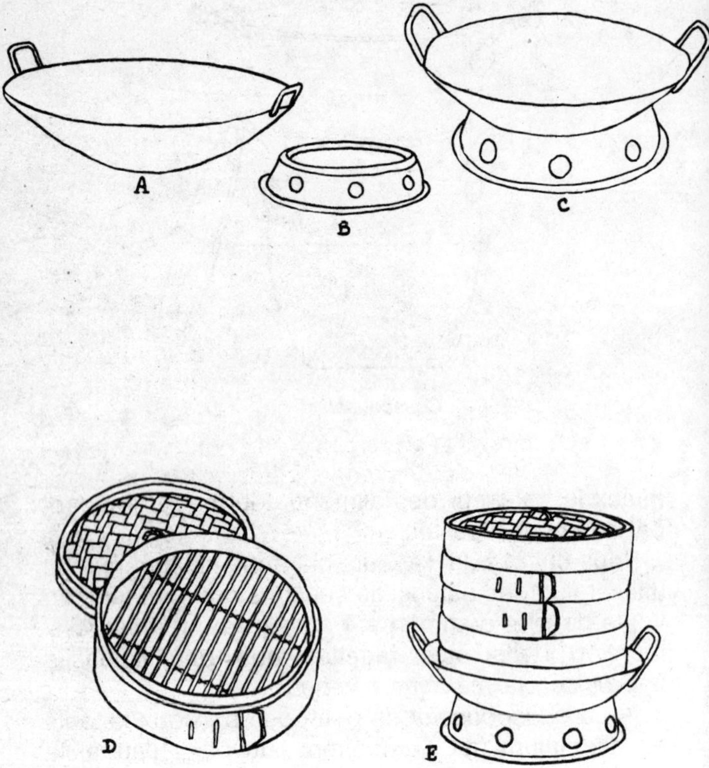

Ensemble chinois

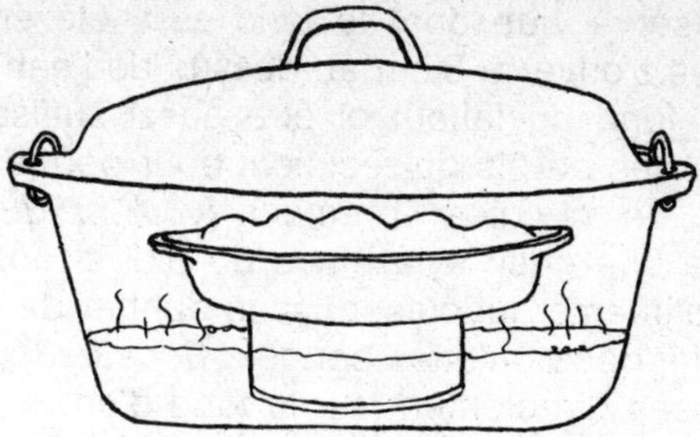

Marmite à vapeur

tion de la poêle à un fourneau électrique ou à gaz, et d'un ou de plusieurs récipients s'emboîtant les uns dans les autres et permettant de cuire à la fois des mets différents. Ces récipients, en bambou ou en aluminium, ressemblent à des paniers ou à des bassines dont le fond serait percé de trous. Un couvercle est prévu pour le dernier récipient *(voir croquis)*. C'est le *wok* qui contiendra l'eau qui dégagera la vapeur.

• L'*autocuiseur,* appelé encore *cocotte minute,* est en général muni d'un panier à trous ou d'une grille à trois pieds qui contiendront les aliments à cuire. Il importe de *ne pas* serrer la vis du couvercle, car il ne s'agit pas ici de la cuisson sous pression.

• Si vous ne disposez d'aucun des ustensiles précédents, vous pouvez toujours improviser une *marmite à vapeur*. Utilisez un grand faitout muni d'un couvercle. Le plat contenant les aliments à cuire reposera sur un saladier ou une grande boîte de conserve vide dont le fond aura été enlevé. Il devra se trouver à 5 cm au-dessus de l'eau garnissant le fond du faitout et être aussi suffisamment éloigné des parois du récipient pour permettre à la vapeur de circuler librement *(voir croquis)*. On utilisera une grille à la place du plat si possible.

Les aliments qui cuisent sans donner de jus (par exemple, des boulettes perlées, *Recette 3*) peuvent être posés directement sur le fond d'un récipient à trous ou sur une grille. Les aliments en sauce ou ceux qui donnent du jus en cuisant (par exemple, le poisson, *Recette 51*) doivent être cuits dans un plat.

Un plat de cuisson à la vapeur peut être un plat à four. En France, les marques « Arcopal » et « Pyrex » présentent une gamme assez large de modèles.

Dans tous les cas, il est conseillé de mettre un épais torchon sous le couvercle afin d'empêcher la vapeur condensée de retomber sur les aliments. Assurez-vous de temps en temps pendant la cuisson qu'il y ait assez d'eau dans le récipient.

Cher lecteur,

Comme vous pourrez vous en rendre compte très vite, il vous est parfaitement possible de réaliser ces recettes. Vous n'avez besoin d'aucune expérience préalable et d'aucune aptitude spéciale. Le livre que vous avez entre les mains a été *spécialement* conçu pour vous, que vous travailliez ou non.

Mon souhait le plus vif est de voir des plats chinois apparaître régulièrement sur votre table pour le plus grand plaisir et la meilleure santé de votre famille.

Chapitre

1

Le porc

► *Le porc est la viande préférée des Chinois car, entre autres raisons, il se prête facilement à une multitude de préparations culinaires délicieuses. Diététiquement, il est tout aussi digeste que le bœuf ou le mouton, à condition qu'il ne soit pas trop gras. Avantage non négligeable, il coûte bien moins cher. Vous avez donc intérêt à vous familiariser avec lui.*

► *Faites cuire toujours suffisamment la viande pour éviter le risque que présente la viande de porc mal cuite : les parasites. D'ailleurs, le porc cuit trop vite n'est généralement pas savoureux.*

► *En cuisine chinoise, le porc à faire sauter ou rôtir est souvent mariné quelque temps avant la cuisson. C'est une pratique tout à fait justifiée car elle fait ressortir la saveur de la viande.*

1. Travers de porc rôtis

Pour 6 personnes. *Préparation :* 10 mn, à part le marinage de plusieurs heures. *Cuisson :* 1 h 30.

Ingrédients

1 kg de plat de côtes de porc.

Pour la marinade
3 cuillerées à soupe de miel liquide (ou mélasse ou sucre roux)
4 cuillerées à soupe de sauce de soja
2 cuillerées à soupe de vinaigre blanc
1 cuillerée à soupe de cognac (ou vermouth blanc)
1 gousse d'ail écrasée et finement hachée
2 cuillerées à soupe de sauce *hoisin* (facultatif)
3 pincées de poivre (ou quelques gouttes d'huile de piment)

Préparation

1/ Dégraissez le porc puis faites une incision dans la viande entre les côtes.
2/ Mélangez intimement dans un bol tous les éléments de la marinade. Versez le mélange sur le porc. Laissez mariner plusieurs heures, au réfrigérateur de préférence, en retournant et en arrosant de sauce toutes les heures.

Cuisson

1/ Préchauffez le four réglé à 6 pendant 15 mn.
2/ Mettez le plat de côtes mariné sur une grille au-dessus d'un plat en pyrex ou de la lèchefrite contenant de l'eau (il doit y avoir toujours un peu d'eau pendant toute la cuisson). Faites rôtir 45 mn en retournant une fois.
3/ Réglez ensuite le four à 8 et faites rôtir encore pendant 30 mn en retournant et en badigeonnant avec le reste de la marinade toutes les 10 mn.
4/ Pour servir, séparez les côtes à l'aide d'un grand couteau et découpez-les transversalement en morceaux de 3 cm de long. Servez chaud ou froid. Garnissez au choix de persil et/ou ciboules. On peut également accompagner de sauce *hoisin* ou de *ketchup.*

Remarques

1/ Sont souvent appelées travers de porc les côtes individuelles d'un plat de côtes de porc.
2/ Les restes de ce plat pourront être accommodés en Riz cantonnais *(Recette 72)*.
3/ Les travers de porc rôtis, enveloppés soigneusement dans une feuille de papier aluminium, peuvent se conserver plusieurs mois au congélateur. Pour les utiliser, il suffit de les laisser 30 minutes au four réglé à 6-7, sans les déballer ni les décongeler au préalable.
4/ Vous pouvez utiliser de la laque *(Recette 20)* à la place de la marinade indiquée ci-dessus.

2. Porc à l'aigre-doux

Pour 4 personnes. *Préparation :* 20 mn, à part le marinage et le trempage de 30 mn. *Cuisson :* 35 mn.

Ingrédients

400 g de porc maigre (ou côte de porc parée)
1 oignon
1 petit concombre
2 poivrons moyens
3 champignons parfumés (et/ou 10 g de champignons noirs)
1 gousse d'ail

Pour la marinade
1 œuf battu
1 cuillerée à soupe de vermouth (ou porto) blanc
1 cuillerée à soupe de sauce de soja
2 cuillerées à soupe de fécule
sel
poivre

Pour la sauce aigre-douce
1 verre 1/2 de bouillon (ou eau)
2 piments frais (ou 1/2 cuillerée à café de purée de piment)
2 cuillerées à soupe de sauce de soja
1 cuillerée à soupe de fécule
2 cuillerées à soupe de sauce tomate
2 rondelles d'ananas (ou 3 champignons de Paris en conserve)
3 cuillerées à soupe de vinaigre de vin

3 cuillerées à café de sucre roux
12 gouttes d'huile de sésame (facultatif)
du colorant rouge (facultatif)

Préparation

1/ Découpez le porc en cubes d'environ 2 cm de côté.
2/ Laissez tremper les cubes 30 mn dans la marinade. Retournez de temps en temps.
3/ Découpez l'oignon et les poivrons en larges lamelles et le concombre en demi-rondelles.
4/ Laissez tremper les champignons 30 mn parfumés dans de l'eau tiède puis essorez-les bien et découpez-les en quatre.
5/ Écrasez la goússe d'ail.
6/ Videz puis hachez finement les piments.
7/ Découpez l'ananas en menus morceaux.

Cuisson

1/ Mettez tous les éléments de la sauce dans une petite casserole puis portez lentement à ébullition en remuant très souvent. Réglez alors à feu doux et laissez cuire 3 minutes en tournant continuellement. Gardez ensuite au chaud.
2/ Faites chauffer dans une poêle profonde 1/2 litre d'huile d'arachide jusqu'à 180°. Faites frire les cubes de viande marinée jusqu'à ce qu'ils aient une belle couleur dorée. A l'aide d'une écumoire,

retirez-les alors et laissez-les égoutter complètement sur du papier absorbant.
3/ Enlevez l'huile de la poêle en n'en laissant que la valeur de 2 cuillerées à soupe.
4/ Faites revenir l'ail 30 secondes sur feu vif.
5/ Ajoutez tous les légumes et faites-les sauter 2 à 3 minutes en remuant constamment avec une spatule.
6/ Baissez alors votre feu, incorporez les cubes de porc et la sauce aigre-douce. Mélangez le tout pendant 1 minute. Servez très chaud.

Remarques

1/ Ce plat est très populaire et est servi dans tous les restaurants chinois et vietnamiens en Occident. Il présente une variété de saveurs (aigre, sucrée, piquante, etc.) et un contraste de couleurs. Pour accentuer ce contraste, on ajoute souvent des carottes, des litchis *(voir liste de produits chinois)* et/ou des cerises en conserve.
2/ Les cubes de porc frits peuvent se conserver une semaine au réfrigérateur et plusieurs mois au freezer. Pour les utiliser, il suffit, sans les décongeler au préalable, de les faire frire de nouveau dans de l'huile ou les réchauffer au four.
3/ La sauce aigre-douce, mise dans un bocal en verre, peut se conserver plusieurs semaines au réfrigérateur à condition de la faire bouillir une fois par semaine. Il va de soi qu'elle peut être préparée à l'avance et réchauffée au moment de servir.

3. Boulettes perlées

Pour 4 à 6 personnes. *Préparation :* 30 mn, à part le trempage des crevettes et du riz. *Cuisson :* 45 mn.

Ingrédients

500 g de porc maigre
100 g de crevettes séchées (ou 150 g de crevettes fraîches décortiquées)
1 gros oignon
1 tubercule de gingembre (ou 1 cuillerée à café de gingembre moulu)
2 cuillerées à soupe de *nuoc mam* (ou sauce de soja)
1 cuillerée à café d'huile de sésame (facultatif)
2 œufs
1 cuillerée à café de sucre
150 g de riz gluant *(voir Remarque 1)*
sel
poivre

Préparation

1/ Hachez finement le porc et le gingembre.
2/ Laissez tremper les crevettes séchées 30 mn dans de l'eau tiède puis égouttez-les soigneusement.
3/ Hachez sommairement les crevettes et l'oignon.
4/ Mélangez bien dans un bol le *nuoc mam*, l'huile

de sésame, le sucre, le sel et le poivre. Incorporez-y ensuite les œufs.
5/ Laissez tremper le riz au moins 2 heures dans de l'eau tiède puis égouttez-le bien. Étalez-le ensuite en une couche sur un plateau.
6/ Mélangez intimement dans un grand saladier tous les ingrédients (sauf le riz) pour obtenir une farce.
7/ Tout en humectant de temps en temps vos doigts à l'eau froide, faites avec la farce des boulettes de la grosseur d'une prune.
8/ Roulez les boulettes dans le riz jusqu'à ce qu'elles en soient entièrement recouvertes.
9/ Mettez un linge humide dans le fond d'un plat allant à la vapeur et posez dessus les boulettes.

Cuisson

1/ Faites cuire les boulettes à la vapeur *(voir procédé de cuisson p. 12)*. La cuisson dure environ 45 mn. Elle est terminée lorsque le riz est cuit.
2/ Servez chaud sans sauce d'accompagnement.

Remarques

1/ Ce plat, savoureux et facile à confectionner, ne peut guère se faire qu'avec du riz gluant qui se trouve dans les épiceries asiatiques et certains magasins de produits diététiques. Utilisez à la rigueur de l'orge perlé.

2/ Mises dans un sac hermétique, les boulettes perlées peuvent se conserver une semaine au réfrigérateur et plusieurs mois au congélateur. Pour les utiliser, il suffit de les faire réchauffer à la vapeur sans les décongeler au préalable. Elles peuvent être réchauffées plusieurs fois, mais on ne doit pas les congeler plus d'une fois.

4. Émincé de porc aux œufs

Pour 4 personnes. *Préparation :* 25 mn sans compter le temps de trempage des légumes. *Cuisson :* 20 mn.

Ingrédients

300 g d'épaule de porc
100 g de fleurs de lis séchées *(voir Remarque 3)*
20 g de champignons parfumés (ou 50 g de champignons de couche frais)
3 ciboules (ou petits oignons avec feuilles)
1 cuillerée à soupe de sauce de soja
1 cuillerée à café de sucre
1/4 de cuillerée à café de poivre
1/2 cuillerée à café de sel
2 cuillerées à café de fécule
3 œufs
3 tranches de gingembre frais (ou 1/2 cuillerée à café de gingembre en poudre)
1 cuillerée à soupe de vermouth (ou porto) blanc
12 gouttes d'huile de sésame (facultatif)

Préparation

1/ Découpez le porc « contre le grain » en tranches aussi minces que possible (faites geler légèrement votre viande au préalable), puis découpez ces tranches en lamelles d'environ 5 cm de long et 0,3 cm de large. Mélangez ensuite la viande dans un bol avec la sauce de soja, le sucre, le poivre, la fécule et le vermouth. Laissez mariner 30 mn en retournant de temps en temps.
2/ Laissez tremper les fleurs de lis et les champignons parfumés 30 mn dans de l'eau tiède puis égouttez-les bien. Découpez ensuite les fleurs de lis en deux tronçons et les champignons en lamelles.
3/ Hachez sommairement les ciboules et finement le gingembre.
4/ Battez légèrement les œufs dans un bol.

Cuisson

1/ Faites chauffer à feu modéré dans une poêle 2 cuillerées à soupe d'huile d'arachide. Faites des œufs brouillés. Retirez-les dès qu'ils sont suffisamment secs mais nullement dorés. En utilisant une fourchette, écrasez en grosses miettes les œufs dans une assiette. Laissez en attente.
2/ Faites chauffer encore 2 cuillerées à soupe d'huile dans la poêle. Ajoutez le gingembre, remuez quelques secondes, puis faites sauter le porc 5 mn à feu vif en remuant de temps en temps.

3/ Incorporez ensuite le sel, les fleurs de lis, les champignons et les ciboules. Faites sauter le tout 3 mn en remuant constamment avec une spatule.
4/ Remettez les œufs puis ajoutez l'huile de sésame. Mélangez quelques instants sur feu modéré puis servez immédiatement.

Remarques

1/ Ce plat s'accompagne généralement de Crêpes Mandarin chaudes *(Recette 77)*. Le convive prendra 2 cuillerées à soupe d'émincé de porc aux œufs, les déposera sur une crêpe, la roulera en fermant les extrémités et portera le rouleau à sa bouche avec ses doigts. A défaut de crêpes, on peut utiliser des feuilles de laitue dont on a enlevé les côtes.
2/ Ce plat peut se manger nature ou accompagné de *nuoc mam* ou de sauce de soja assaisonnée *(Recette 15, Remarque 2)*, ou encore de sauce *hoisin (voir liste de produits chinois à la fin du livre)*.
3/ Traditionnellement, on utilise des fleurs de lis *(voir liste de produits chinois)* pour faire ce plat. A défaut, vous pouvez utiliser des germes de soja, des poireaux ou des pousses de bambou découpés en fines lamelles.

5. Porc sauté aux crevettes

Pour 4 personnes. *Préparation :* 10 mn à part le temps de trempage des champignons. *Cuisson :* 10 mn.

Ingrédients

300 g d'épaule de porc
150 g de crevettes fraîches (ou surgelées) décortiquées
100 g de pousses de bambou (ou céleri en branche)
3 champignons noirs (facultatif)
3 cuillerées à soupe de petits pois surgelés
2 cuillerées à café de sucre roux
2 cuillerées à soupe de sauce de soja
1 cuillerée à soupe de sauce tomate
1/2 verre de bouillon
1/2 cuillerée à café de sel
10 gouttes d'huile de sésame (facultatif)

Préparation

1/ Découpez le porc « contre le grain » en lamelles.
2/ Découpez les crevettes en deux tronçons si elles sont grosses.
3/ Laissez tremper les champignons noirs 1 heure dans de l'eau froide puis égouttez-les bien. Découpez les pousses de bambou et les champignons en lamelles.

4/ Mélangez dans un bol le sucre, la sauce de soja, la sauce tomate et le bouillon.

Cuisson

1/ Faites chauffer à grand feu 2 cuillerées à soupe d'huile d'arachide dans une poêle.
2/ Ajoutez le sel puis le porc. Faites sauter 3 mn en remuant de temps à autre.
3/ Ajoutez les crevettes. Remuez constamment pendant 1 minute.
4/ Incorporez les pousses de bambou, les champignons et les petits pois. Remuez continuellement avec une spatule pendant 2 mn.
5/ Ajoutez le contenu du bol. Réglez à feu moyen et laissez cuire le tout 2 à 3 mn à l'étuvée en retournant de temps en temps.
6/ Enfin, ajoutez l'huile de sésame, mélangez quelques secondes et servez aussitôt.

Remarques

1/ On peut faire mariner le porc et/ou les crevettes dans un peu de vermouth blanc et de poivre au préalable.
2/ Des morceaux d'ananas et/ou des cacahuètes grillées peuvent remplacer les pousses de bambou.
3/ Pour donner à ce plat un aspect onctueux, on peut ajouter 2 cuillerées à café de fécule au mélange.

4/ On peut aussi ne pas l'accompagner de la sauce. Utilisez, dans ce cas, 2 cuillerées à café de sucre roux et 2 cuillerées à soupe de sauce d'huître *(voir liste de produits chinois à la fin du livre)*. Le plat sera plutôt sec.

6. Côtes de porc frites

Pour 4 personnes. *Préparation :* 10 mn sans compter le temps de marinage. *Cuisson :* 30 mn.

Ingrédients

400 g de côtes de porc désossées mais non parées
2 échalotes (ou 1 ciboule avec partie verte)
4 cuillerées à soupe de sauce de soja
2 cuillerées à soupe de vermouth (ou porto) blanc
3 cuillerées à soupe de bouillon
3 tranches de gingembre frais (ou du gingembre en poudre)
2 pincées de glutamate (facultatif)
1 cuillerée à soupe de sucre roux
Quelques feuilles de laitue

Préparation

1/ Découpez la viande en cubes d'environ 1,5 cm de côté.

2/ Hachez sommairement les échalotes et finement le gingembre.
3/ Mélangez intimement dans un saladier les ingrédients (sauf les feuilles de laitue, le bouillon et le sucre) et laissez mariner 30 mn en tournant de temps en temps.

Cuisson

1/ Faites chauffer à feu modéré 1/2 litre d'huile d'arachide jusqu'à 180° dans une poêle profonde.
2/ Faites frire les cubes de viande jusqu'à ce qu'ils soient bien dorés. A l'aide d'une écumoire, retirez-les de l'huile et laissez-les égoutter sur du papier absorbant.
3/ Mettez dans une autre poêle ce qui reste de la marinade (liquide, échalotes, gingembre, etc.), le bouillon et le sucre et portez à ébullition. Incorporez les cubes de viande et laissez cuire en retournant continuellement jusqu'à ce que toute la sauce se soit évaporée.
4/ Mettez la viande dans une assiette et garnissez de feuilles de laitue.

Remarques

1/ Ce plat se consomme chaud ou froid, nature ou accompagné de sauce piquante *(Recette 13)*, ou de sauce au vinaigre et à l'ail *(Recette 15, Remarque 2)*, ou encore de sauce *hoisin (voir liste de produits chinois à la fin du livre)*.

2/ La garniture peut aussi être des rondelles de concombre ou tout autre légume qui peut se consommer cru.
3/ Certains préfèrent de la poitrine de porc maigre pour faire ce plat. En tout cas, la viande ne doit pas être trop sèche, donc pas trop maigre.

7. Boulettes de porc frites

Pour 4 personnes. *Préparation :* 10 mn. *Cuisson :* 30 mn.

Ingrédients

400 g de poitrine de porc assez maigre
1 œuf
1 cuillerée à soupe de fécule
1 cuillerée à soupe de sauce de soja
1 cuillerée à soupe de vermouth (ou porto) blanc
1/2 cuillerée à café d'huile de sésame (facultatif)
1/2 cuillerée à café de sel
5 pincées de poivre
3 pincées de glutamate (facultatif)
1/2 oignon moyen

Préparation

1/ Hachez finement la viande et sommairement l'oignon.
2/ Mélangez intimement dans un saladier tous les ingrédients pour faire une farce.

Cuisson

1/ Faites chauffer dans une poêle profonde 1/2 litre d'huile d'arachide jusqu'à 180°.
2/ Mouillez votre main gauche, déposez dans la paume 2 ou 3 cuillerées à soupe de farce. Refermez votre main en serrant. Une partie de la farce jaillira de votre poing au-dessus de votre index. A l'aide d'une cuiller mouillée, recueillez-la et déposez-la dans l'huile bouillante pour la faire frire à feu modéré *(voir croquis)*. Faites d'autres boulettes de la même façon jusqu'à épuisement de la farce.
3/ A l'aide d'une écumoire, retirez les boulettes lorsqu'elles sont assez dorées et laissez-les égoutter sur du papier absorbant.

4/ Servez chaud ou froid dans une assiette. Vous pouvez garnir de feuilles de laitue, de rondelles ou lanières de concombre ou d'autres légumes qui peuvent se manger crus.

Remarques

1/ Vous pouvez utiliser 300 g de porc maigre et 100 g de poitrine de porc normale. La viande hachée doit être un peu grasse.
2/ Ce plat se mange nature ou accompagné de sauce aigre-douce *(Recette 2)* ou de sel et poivre rôtis *(Recette 15)*. Le convive trempera ses boulettes dans ces condiments. On peut aussi napper les boulettes de sauce aigre-douce.
3/ Ce plat fait un très bon hors-d'œuvre et convient parfaitement pour un lunch.
4/ Pour donner plus de goût au plat, on a l'habitude d'incorporer à la farce 20 g de crevettes séchées qu'on aura trempées 30 mn dans de l'eau tiède puis hachées assez finement. Des crevettes fraîches donneraient moins de saveur.

8. Porc sauté aux cacahuètes

Pour 4 personnes. *Préparation :* 30 mn, sans compter le temps de marinage de la viande. *Cuisson :* 10 mn.

Ingrédients

300 g de porc pris dans le jambon

150 g de cacahuètes (ou amandes)
150 g de champignons de couche frais (ou champignons de Paris en boîte)
1 branche de céleri
2 cuillerées à café de fécule
2 cuillerées à soupe de sauce de soja
1 cuillerée à soupe de vermouth (ou porto) blanc
poivre
1 ciboule (ou quelques feuilles d'oignon ou du persil)
1 gousse d'ail
1/2 verre de bouillon
1 cuillerée à soupe de sauce d'huître (ou de sucre roux)

Préparation

1/ Faites griller dans une poêle non graissée les cacahuètes jusqu'à ce qu'elles soient dorées. Émondez-les.
2/ Découpez le porc en petits cubes. Mélangez-les dans un bol avec la fécule, 1 cuillerée à soupe de sauce de soja, le poivre et le vermouth. Laissez mariner 30 mn en retournant de temps en temps.
3/ Découpez les champignons verticalement et le céleri diagonalement en lamelles. Hachez grossièrement la ciboule. Écrasez la gousse d'ail.

Cuisson

1/ Faites chauffer à grand feu 2 cuillerées à soupe d'huile d'arachide dans une poêle.

2/ Lorsque l'huile est sur le point de fumer, ajoutez la gousse d'ail écrasée et promenez-la sur tout le fond de la poêle pendant quelques secondes. Ajoutez le porc et laissez frire 2 mn en remuant de temps à autre avec une spatule.
3/ Ajoutez les champignons et le céleri. Remuez constamment 1 minute.
4/ Incorporez la sauce d'huître et 1 cuillerée à soupe de sauce de soja tout en remuant, puis le bouillon.
5/ Réglez à feu moyen, couvrez et laissez cuire environ 3 mn.
6/ Ajoutez les cacahuètes. Mélangez le tout quelques instants puis servez immédiatement. Garnissez de ciboule hachée.

Remarques

1/ Au lieu de faire griller les cacahuètes, vous pouvez les blanchir, les émonder puis les faire frire dans un peu d'huile chaude et les égoutter soigneusement.
2/ On peut faire frire les cubes de porc dans un bain d'huile chaude, les égoutter puis les faire sauter en même temps que les champignons et le céleri.
3/ Pour donner au plat un aspect onctueux, ajoutez 1 cuillerée à soupe de fécule délayée dans un peu de bouillon (ou eau) en fin de cuisson, après l'incorporation des cacahuètes.

9. Rognons de porc sautés aux mange-tout

Pour 4 personnes. *Préparation* : 30 mn. *Cuisson* : 15 mn.

Ingrédients

3 rognons de porc (environ 600 g)
300 g de haricots mange-tout tendres
1 poireau (ou 2 ciboules)
2 échalotes
1 petit tubercule de gingembre (ou 2 gousses d'ail)
2 cuillerées à soupe de sauce de soja
1 cuillerée à soupe de vermouth (ou porto) blanc
1 cuillerée à café de sucre
1 cuillerée à soupe de fécule
1/2 verre de bouillon
sel
poivre
10 gouttes d'huile de sésame (ou 1 cuillerée à soupe de sauce d'huître)

Préparation

1/ Découpez horizontalement chaque rognon en deux. Enlevez toutes les parties blanches et la fine peau qui recouvre les rognons.
2/ A l'aide d'un couteau aiguisé, faites sur la surface externe des rognons plusieurs entailles profondes et perpendiculaires. Découpez ensuite chaque moitié de rognon en 6 ou 8.

3/ Laissez tremper les morceaux de rognon 10 mn dans de l'eau très chaude puis rincez-les abondamment à l'eau froide et égouttez-les bien.
4/ Enlevez les fibres latérales des haricots. Découpez le poireau en lamelles de 5 cm de long, les échalotes en rondelles et le gingembre en allumettes.
5/ Mélangez dans une tasse la sauce de soja, le vermouth, le poivre et le sucre, et dans une seconde tasse la fécule et le bouillon.

Cuisson

1/ Faites chauffer à feu vif 1 cuillerée à soupe d'huile d'arachide dans une poêle. Faites revenir le gingembre et les échalotes 30 secondes puis ajoutez les rognons. Retournez de temps en temps.
2/ Après 5 mn, enlevez rognons, gingembre et échalotes et laissez-les en attente dans une assiette.
3/ Ajoutez dans la poêle 1 cuillerée à soupe d'huile. Lorsque l'huile est chaude, incorporez le sel puis les haricots. Faites sauter 1 mn en remuant constamment. Le feu doit être vif.
4/ Ajoutez ensuite le poireau puis le contenu de la première tasse. Mélangez quelques instants puis couvrez et laissez cuire 1 mn à l'étuvée.
5/ Réglez à feu modéré ; remettez les rognons et ajoutez la fécule délayée. Tournez le tout doucement jusqu'à épaississement de la sauce.
6/ Ajoutez l'huile de sésame, mélangez pendant

30 secondes puis retirez du feu et servez immédiatement.

Remarques

1/ On peut découper les rognons d'une autre façon. Faites des entailles profondes sur la surface extérieure des moitiés de rognon et dans le sens de leur longueur. Découpez-les ensuite transversalement en fines tranches en inclinant votre couteau presque à l'horizontale. Vous obtiendrez ainsi des morceaux de viande ressemblant à des franges.
2/ On peut remplacer les mange-tout par n'importe quelle autre sorte de légume. S'il s'agit de légumes durs, comme le chou-fleur ou la carotte, la cuisson à l'étuvée doit durer 2 ou 3 mn.

10. Porc rôti à la chinoise

Pour 6 personnes. *Préparation :* 15 mn, sans compter le temps de marinage de la viande. *Cuisson :* 2 h.

Ingrédients

2 kg de porc désossé pris dans l'échine ou le jambon
de la laque *(Recette 20)*

Préparation

1/ Découpez le porc en lanières d'environ 2,5 cm

d'épaisseur, 2,5 cm de largeur et 10 cm de longueur.
2/ Disposez les lanières dans un grand plat creux et versez dessus la laque. Laissez mariner plusieurs heures en retournant et en arrosant souvent.
3/ Dépliez une douzaine de trombones à papier pour obtenir des crochets en S.

Cuisson

1/ Préchauffez le four réglé à 6 pendant 15 mn.
2/ Insérez l'extrémité d'un crochet en S au bout de chaque lanière. Suspendez les crochets à la grille placée près de la voûte du four. Mettez la lèchefrite ou un plat en pyrex contenant de l'eau au-dessous des lanières (il doit y avoir toujours un peu d'eau pendant toute la cuisson pour empêcher la graisse de brûler et la viande de se dessécher).
3/ Faites rôtir le porc 1 heure.
4/ Réglez alors le four à 8 et laissez cuire encore environ 45 mn en badigeonnant la viande toutes les 10 mn avec le reste de la laque. Si celle-ci n'est pas assez sirupeuse ou si elle est insuffisante, ajoutez-y un peu de miel liquide afin de donner du brillant à la viande. Pour le badigeonnage, utilisez un pinceau à pâtisserie muni d'un manche d'au moins 30 cm de long.
5/ Retirez les lanières lorsqu'elles sont d'un brun doré. Pour servir, découpez-les transversalement en fines tranches. Servez chaud ou froid. Vous pouvez garnir de feuilles de laitue et/ou feuilles aromatiques (persil, menthe, origan, mélisse, etc.).

Remarques

1/ Si vous ne voulez pas badigeonner la viande au cours de la cuisson, égouttez-la bien au sortir de la marinade et enduisez-la d'une légère couche de miel avant de la mettre à cuire. Réduisez le temps de cuisson à 30 mn après le réglage du four à 8.
2/ Ce plat est très populaire et est servi dans tous les restaurants chinois et vietnamiens en Occident. Il peut entrer dans la composition de nombreux autres plats, notamment le Riz cantonnais, les Petits Pains farcis, les soupes, etc.
3/ On peut avantageusement accompagner ce plat de Petits Pains papillons chauds *(Recette 75)*.
4/ Mis dans un sac ou une boîte fermés hermétiquement, le porc rôti se conserve une semaine au réfrigérateur et plusieurs mois au congélateur. Pour l'utiliser, il suffit de le laisser 30 mn au four réglé à 6-7 sans le décongeler au préalable.

11. Foie de porc sauté aux légumes

Pour 4 personnes. *Préparation :* 30 mn, sans compter le temps des marinages. *Cuisson :* 12 mn.

Ingrédients

300 g de foie de porc
1 oignon

100 g de petits pois surgelés
10 g de champignons noirs
20 g de champignons parfumés
1 carotte
1 petit tubercule de gingembre
1 gousse d'ail
2 cuillerées à soupe de sauce de soja
1 cuillerée à soupe de vermouth (ou porto) blanc
1 cuillerée à soupe de fécule
1 cuillerée à café de sucre
5 pincées de poivre
1 verre de bouillon

Préparation

1/ Découpez le foie en fines tranches de 3 cm de long et de 2 cm de large.
2/ Laissez tremper les champignons noirs et les champignons parfumés 30 mn dans de l'eau tiède puis essorez-les bien et découpez-les en lamelles.
3/ Découpez l'oignon et la carotte en lamelles.
4/ Hachez l'ail et le gingembre.
5/ Mélangez dans un bol le bouillon, la fécule et la sauce de soja.
6/ Plongez les tranches de foie 15 secondes dans de l'eau bouillante puis rincez-les immédiatement à l'eau froide. Égouttez-les bien puis mélangez-les dans un bol avec le sucre, le poivre et le vermouth. Laissez reposer 30 mn.

Cuisson

1/ Faites chauffer à feu modéré 1 cuillerée à soupe d'huile. Ajoutez le gingembre, remuez quelques secondes puis ajoutez le foie. Faites sauter 5 mn en remuant de temps à autre.
2/ Enlevez le foie et laissez-le en attente.
3/ Versez dans la poêle 2 cuillerées à soupe d'huile d'arachide et réglez à feu vif. Lorsque l'huile est sur le point de fumer, ajoutez l'ail, remuez quelques secondes puis incorporez la carotte. Faites sauter 1 mn en retournant continuellement avec une spatule.
4/ Ajoutez l'oignon, les petits pois et les champignons, et faites sauter le tout 2 mn en remuant constamment.
5/ Réglez alors à feu modéré, remettez le foie puis incorporez la fécule délayée. Laissez cuire en remuant doucement jusqu'à épaississement de la sauce.
6/ Servez aussitôt. Garnissez au choix de persil et/ou ciboules (ou feuilles d'oignon) hachés.

12. Mouton en gelée

Pour 4 personnes. *Préparation :* 10 mn. *Cuisson :* 3 h, y compris le mijotage.

Ingrédients

1 morceau d'épaule de mouton d'environ 500 g
1 pied de porc découpé en 6 morceaux

250 g de carottes (ou navets)
2 ciboules avec leur partie verte (ou 1 poireau)
3 tranches de gingembre (ou 2 gousses d'ail écrasées)
1 cuillerée à soupe de poudre aux cinq-épices *(voir liste de produits chinois à la fin du livre)*
4 cuillerées à soupe de sauce de soja
2 cuillerées à soupe de vermouth (ou porto) blanc
2 cuillerées à café de sucre

Cuisson

1/ Mettez dans une casserole 1 litre d'eau froide et le pied de porc. Portez rapidement à ébullition puis réglez à feu doux et laissez mijoter à couvert pendant 1 heure.
2/ Ajoutez ensuite le morceau de mouton en entier et tous les autres ingrédients. Amenez de nouveau à ébullition puis couvrez et laissez mijoter à feu doux pendant une heure et demie. Au besoin, ajoutez un peu d'eau.
3/ Retirez alors le mouton et, en utilisant deux fourchettes, déchirez-le en lamelles suivant les fibres. Mettez la viande dans un moule à soufflé ou un plat creux.
4/ Retirez du bouillon les carottes, les ciboules, le gingembre et les morceaux de porc.
5/ Versez le bouillon dans le moule en le passant dans une passoire à mailles fines.
6/ Laissez la préparation refroidir puis gardez-

la au réfrigérateur au moins 3 heures avant la consommation.
7/ Pour servir, découpez en tranches d'un centimètre d'épaisseur.

Remarques

1/ Cette préparation peut se conserver deux semaines au réfrigérateur.
2/ Si vous n'avez pas de pied de porc, utilisez une enveloppe de gélatine au goût neutre. Faites-la dissoudre dans 1/2 verre d'eau puis incorporez-la au bouillon après avoir retiré les légumes. Portez le bouillon de nouveau à ébullition avant de le verser sur le mouton.

13. Beignets de porc sauce piquante

Pour 4 à 6 personnes. *Préparation :* 25 mn. *Cuisson :* 25 mn.

Ingrédients

500 g d'épaule (ou jambon) de porc

Pour la pâte à beignets
150 g de farine de blé ordinaire
1 œuf
1 verre de lait frais (ou eau)
10 g de levure chimique (levure d'Alsace)

5 pincées de poivre
5 pincées de glutamate (facultatif)
du colorant jaune (facultatif)

Pour la sauce piquante
1 verre de bouillon (ou eau)
2 piments frais (ou 1/2 cuillerée à café de purée de piment)
2 cuillerées à soupe de sauce soja
1 cuillerée à soupe de fécule
2 cuillerées à soupe de sauce tomate
1 petit poivron (ou 2 rondelles d'ananas ou 2 cuillerées à soupe de petits pois surgelés)
1 cuillerée à café de sucre
du colorant rouge (facultatif)
10 gouttes d'huile de sésame (facultatif)

Préparation

1/ Découpez la viande en morceaux gros comme des dominos.
2/ Mélangez dans un grand bol les ingrédients de la pâte à beignets. Battez de préférence avec un batteur électrique, jusqu'à obtention d'une pâte lisse et homogène. Laissez reposer 30 mn.
3/ Videz les piments puis hachez-les finement. Hachez sommairement le poivron. Mélangez bien dans un bol les éléments de la sauce piquante.
4/ Faites tremper les morceaux de viande dans la pâte.

Cuisson

1/ Faites chauffer 1 litre d'huile d'arachide dans

une poêle profonde (ou une friteuse électrique ou à gaz) jusqu'à 180°.

2/ A l'aide d'une fourchette ou de baguettes, prenez les morceaux de viande un par un en laissant retomber la pâte en excédent et faites-les frire dans l'huile.

3/ En utilisant une écumoire ou une spatule à fentes, retirez les beignets lorsqu'ils sont bien dorés. Faites-les égoutter soigneusement sur du papier absorbant puis gardez-les au chaud dans un plat de service.

4/ D'autre part, portez tous les éléments de la sauce piquante à ébullition dans une casserole, à feu modéré. Tournez doucement et continuellement jusqu'à épaississement de la sauce.

5/ Versez alors la sauce sur les beignets et servez immédiatement.

Remarques

1/ Les beignets de porc peuvent se faire à l'avance. Mis dans un sac ou une boîte fermés hermétiquement, ils se conservent une semaine au réfrigérateur et plusieurs mois au congélateur. Pour les utiliser, faites-les frire de nouveau dans de l'huile ou réchauffer au four sans les décongeler au préalable.

2/ La sauce piquante, mise dans un bocal en verre, peut se conserver une semaine au réfrigérateur.

3/ Certains préfèrent ajouter à la sauce piquante environ 1/4 de cuillerée à café de poivre.

14. Ragoût de porc

Pour 4 personnes. *Préparation* : 15 mn. *Cuisson* : 2 h, y compris le mijotage.

Ingrédients

600 g de jambonneau de porc frais et désossé
2 carottes
1 ciboule avec sa partie verte (ou 1 poireau)
1 clou de girofle (et/ou 1 anis étoilé)
3 tranches de gingembre frais (facultatif)
6 cuillerées à soupe de sauce de soja
1/2 verre de vermouth (ou porto) blanc
1 cuillerée à soupe de sucre
3 pincées de glutamate (facultatif)
1 bouquet d'épinards
3 pincées de sel

Préparation

1/ Faites dorer légèrement le jambonneau sur feu de bois ou de gaz puis découpez-le en morceaux de la grosseur d'une boîte d'allumettes.
2/ Découpez les carottes en tronçons de 2 cm.

Cuisson

1/ Mettez la viande dans une cocotte (ou un fait-tout), ajoutez 1 litre d'eau froide, la ciboule, le clou de girofle, le gingembre, la sauce de soja et le vermouth. Portez rapidement à ébullition puis réglez à feu très doux et laissez mijoter à couvert pendant 1 heure.

2/ Ajoutez alors les carottes, le sucre et le glutamate, et laissez mijoter encore 30 mn, toujours à couvert.

3/ Pendant ce temps, faites chauffer dans une poêle 1 cuillerée à soupe d'huile d'arachide.

4/ Lorsque l'huile est sur le point de fumer, ajoutez le sel puis les épinards et faites sauter 2 mn en remuant constamment avec une spatule.

5/ Mettez le contenu de la cocotte dans un plat de service puis disposez les épinards à côté de la viande. Servez chaud.

15. Porc cuit à la vapeur

Pour 2 ou 3 personnes. *Préparation :* 25 mn, à part le marinage de 30 mn. *Cuisson :* 30 mn.

Ingrédients

400 g de porc *(voir Remarque 1)*
2 échalotes
3 tranches de gingembre frais (ou 1/2 cuillerée à café de gingembre en poudre)
1 gousse d'ail
1/2 cuillerée à café de sucre
1 cuillerée à soupe de *nuoc mam*
1 cuillerée à soupe de sauce de soja

1 cuillerée à soupe de vermouth (ou porto) blanc
1 petit concombre
condiments d'accompagnement *(voir Remarque 2)*

Préparation

1/ Découpez le porc « contre le grain » en tranches de 1 mm d'épaisseur. Faites geler légèrement votre viande au préalable pour faciliter le découpage.
2/ Émincez les échalotes. Hachez finement le gingembre et l'ail.
3/ Mélangez intimement dans un saladier les ingrédients (sauf le concombre et les sauces d'accompagnement) et laissez mariner 30 mn en retournant de temps en temps.
4/ A l'aide d'un couteau, faites de longues lanières de concombre. Laissez-les tremper ensuite 5 mn dans de l'eau froide légèrement salée pour les raidir puis égouttez-les soigneusement.

Cuisson

1/ Mettez le porc et sa marinade dans un plat pouvant supporter la cuisson à la vapeur. Faites cuire à la vapeur environ 30 mn *(voir procédé de cuisson p. 12)*.
2/ Disposez les tranches de porc de façon décorative sur un plat de service et garnissez de lanières de concombre. Servez froid.

Remarques

1/ On peut utiliser tout morceau de porc pour faire ce plat ; certains préfèrent la poitrine fraîche qui, une fois cuite, présente une belle couleur blanche contrastant agréablement avec la couleur verte du concombre.
2/ Vous pouvez utiliser un ou tous les condiments d'accompagnement suivants : (A) *Sauce au vinaigre et à l'ail.* Mélangez 4 cuillerées à soupe de vinaigre de vin avec 2 gousses d'ail écrasées et finement hachées. (B) *Sauce de soja assaisonnée.* Ajoutez à 4 cuillerées à soupe de sauce de soja 2 échalotes finement hachées, un peu de purée de piment, 1 cuillerée à café de vinaigre et facultativement 10 gouttes d'huile de sésame. (C) *Sel et poivre rôtis.* Faites rôtir 5 mn à feu vif dans une poêle non graissée 4 cuillerées à soupe de sel marin en grain et 1 cuillerée à soupe de grains de poivre noir entiers. Secouez souvent la poêle ou retournez avec une spatule. Passez ensuite le mélange au moulin pour obtenir une poudre fine. Mise dans un bocal en verre fermé hermétiquement, cette poudre peut se conserver indéfiniment.
3/ Ce plat constitue un excellent hors-d'œuvre, surtout quand il fait chaud.

16. Porc sauté aux poivrons

Pour 3 ou 4 personnes. *Préparation :* 20 mn, à part le trempage des champignons et le marinage de la viande. *Cuisson :* 20 mn.

Ingrédients

300 g de porc maigre
4 poivrons moyens
3 champignons parfumés (ou champignons de couche)
1 oignon
1 gousse d'ail
1 cuillerée à soupe de fécule
2 cuillerées à soupe de sauce de soja
1 cuillerée à soupe de vermouth (ou porto) blanc
poivre
1 cuillerée à café de sucre roux
1 cuillerée à café de vinaigre
1/2 verre de bouillon

Préparation

1/ Découpez le porc « contre le grain », les poivrons et l'oignon en lamelles.
2/ Laissez tremper les champignons parfumés environ 30 mn dans de l'eau tiède puis égouttez-les bien et découpez-les en deux ou en quatre suivant la grosseur. S'il s'agit de champignons de couche, découpez-les verticalement en lamelles.
3/ Écrasez la gousse d'ail.

4/ Mélangez intimement dans un bol le porc, le vermouth, le poivre et le sucre, et laissez mariner environ 30 mn en retournant de temps en temps.
5/ Délayez la fécule dans le bouillon. Ajoutez-y le vinaigre et la sauce de soja.

Cuisson

1/ Faites chauffer à grand feu 1 cuillerée à soupe d'huile d'arachide dans une poêle. Ajoutez le porc et laissez cuire 10 mn en remuant de temps en temps.
2/ Retirez la viande et laissez-la en attente.
3/ Faites chauffer dans la poêle une nouvelle cuillerée à soupe d'huile d'arachide. Ajoutez la gousse d'ail ; promenez-la sur tout le fond de la poêle quelques secondes puis incorporez les poivrons, les champignons et l'oignon. Remuez constamment avec une spatule pendant 2 mn.
4/ Remettez la viande et mélangez quelques instants.
5/ Réglez à feu moyen, incorporez le bol de bouillon, tournez doucement tous les ingrédients jusqu'à épaississement de la sauce. Servez immédiatement.

Remarques

1/ On peut découper les poivrons en petits carrés de 1,5 cm de côté.
2/ Vous pouvez substituer aux poivrons du céleri,

des pousses de bambou et/ou des feuilles de chou coupées en lamelles. Vous pouvez également utiliser du chou-fleur et/ou des carottes découpés en lamelles ; dans ce cas, faites-les cuire 2 mn de plus, à l'étouffée, avant de remettre la viande dans la poêle.

3/ L'utilisation du gingembre, de la sauce d'huître et/ou de l'huile de sésame est souhaitable.

Chapitre

2

Les volailles

► *Le poulet, comme le porc, se prête facilement à de multiples préparations tandis que le canard, à cause de son goût fort, offre moins de possibilités. Vous pouvez pourtant réaliser toutes les recettes de ce chapitre indifféremment avec du poulet ou du canard (sauf la Recette 24).*

► *N'oubliez jamais d'enlever complètement les pochettes d'huile des volailles qui se trouvent sur la partie supérieure de leur croupion.*

► *Pour atténuer le goût du canard, utilisez largement de l'ail et du gingembre.*

► *Si vous voulez faire cuire une volaille en entier, il est conseillé de l'essuyer intérieurement et extérieurement à l'avance avec des serviettes en papier ou, mieux, de la blanchir quelques secondes dans de l'eau bouillante et la suspendre 1 ou 2 heures dans un endroit frais et aéré. Ces opérations ont pour but de dégraisser la peau et aider la volaille à se pénétrer plus facilement des différents aromates pendant la cuisson.*

17. Poulet frit au miel

Pour 4 personnes. *Préparation :* 1 h 30, à part le temps de séchage du poulet. *Cuisson :* 45 mn.

Ingrédients

1 poulet prêt à cuire d'environ 1,5 kg
1 cuillerée à café de sel
1 cuillerée à café de poudre aux cinq-épices (facultatif)
1/2 verre de miel liquide (ou mélasse ou sucre roux)
1/3 de verre de sauce de soja
5 cuillerées à soupe de vinaigre
2 cuillerées à soupe d'alcool de Chao Xing (ou vermouth blanc)
2 cuillerées à soupe de fécule
sel et poivre rôtis *(Recette 15, Remarque 2)*

Préparation

1/ Mettez dans une casserole 1/2 litre d'eau, le sel et la poudre aux cinq-épices, et portez à ébullition.
2/ Ajoutez le poulet entier et laissez mijoter à couvert 45 mn.
3/ Rincez ensuite le poulet sous un robinet d'eau froide. Égouttez et essuyez-le soigneusement avec des serviettes en papier.
4/ Mélangez dans un bol le miel, la sauce de soja,

le vinaigre, l'alcool et la fécule. A l'aide d'un pinceau à pâtisserie, enduisez le poulet de ce mélange. Versez-en un peu dans la cavité du volatile.
5/ Suspendez ensuite le poulet dans un endroit frais et aéré pour le faire sécher.
6/ Répétez les opérations deux ou trois fois jusqu'à épuisement du mélange.

Cuisson

1/ Faites chauffer dans une bassine à friture 2 litres d'huile d'arachide jusqu'à 180°.
2/ Faites frire le poulet dans l'huile en le retournant une ou deux fois jusqu'à ce qu'il ait une belle teinte dorée (environ 45 mn).
3/ Enlevez le poulet et laissez-le égoutter entièrement sur du papier absorbant.
4/ Pour le découpage, voir Recette 31. Servez aussi chaud que possible. Accompagnez de sel et poivre rôtis *(voir Ingrédients)* et/ou de sauce *hoisin* servis dans des raviers *(pour la sauce, voir liste de produits chinois à la fin du livre).*

Remarques

1/ Si vous ne disposez pas d'endroit frais et aéré, mettez votre poulet dans un plat, couvrez-le d'une feuille de papier aluminium (ou de cellophane) puis mettez-le au réfrigérateur pour le faire sécher. Vous pouvez également vous servir d'un ventilateur électrique.

2/ Il est de tradition d'accompagner ce plat de Petits Pains papillons chauds *(Recette 75).*
3/ Vous pouvez encore faire égoutter le poulet après le découpage. Mettez une grille dans un plat en pyrex ou en terre, disposez dessus les morceaux de poulet et gardez le plat au four réglé à 4. Pour que la viande ne se dessèche pas, surtout si elle doit attendre plus d'une demi-heure, couvrez le plat d'une feuille de papier aluminium.

18. Canard sauté à l'ananas

Pour 4 personnes. *Préparation :* 20 mn, sans compter le marinage de 30 mn. *Cuisson :* 10 mn.

Ingrédients

1/2 canard prêt à cuire d'environ 800 g
6 tranches d'ananas en conserve avec leur jus
2 cuillerées à soupe de fécule
2 cuillerées à soupe de sauce de soja
1 gousse d'ail
1/4 de cuillerée à café de gingembre moulu (facultatif)
1 cuillerée à soupe de porto blanc
1 cuillerée à café de sel
1 cuillerée à café de vinaigre

Préparation

1/ Désossez le canard puis découpez-le en cubes d'environ 1 cm de côté.
2/ Mélangez dans un saladier 1 cuillerée à soupe de fécule, la sauce de soja et le gingembre. Ajoutez le canard et laissez mariner 30 mn en retournant de temps à autre.
3/ Découpez chaque tranche d'ananas en 6 morceaux.
4/ Écrasez la gousse d'ail.
5/ Mélangez dans un bol le reste de la fécule, le porto, le sel, le vinaigre et 1/2 verre de jus d'ananas.

Cuisson

1/ Portez lentement à ébullition dans une casserole le contenu du bol puis laissez cuire 2 mn en remuant fréquemment. Gardez la sauce au chaud.
2/ Faites chauffer à feu vif dans une poêle 2 cuillerées à soupe d'huile d'arachide. Lorsque l'huile est très chaude, ajoutez l'ail et promenez-la pendant 15 secondes sur tout le fond de la poêle.
3/ Ajoutez le canard et faites-le sauter 5 mn en retournant deux ou trois fois.
4/ Incorporez l'ananas et laissez cuire le tout 2 mn en remuant constamment avec une spatule.
5/ Mettez le contenu de la poêle dans une assiette puis versez dessus la sauce bien chaude. Servez immédiatement. Garnissez facultativement de persil et/ou quelques cerises au sirop ou à l'eau-de-vie.

19. Poulet sauté aux amandes

Pour 2 ou 3 personnes. *Préparation :* 30 mn. *Cuisson :* 25 mn.

Ingrédients

1/2 poulet d'environ 500 g
150 g d'amandes entières (ou noix de Grenoble)
1 petit poivron
1 piment (facultatif)
2 échalotes
3 tranches de gingembre frais (ou 1/2 cuillerée à café de gingembre en poudre)

Pour la sauce
2 cuillerées à soupe de sauce de soja
1 cuillerée à soupe de vinaigre
1 cuillerée à café de sucre roux
2 cuillerées à café de fécule
1/2 verre de bouillon
10 gouttes d'huile de sésame (facultatif)

Pour la marinade
1 blanc d'œuf
1 cuillerée à soupe de sauce de soja
1 cuillerée à soupe de fécule
1/4 de cuillerée à café de poivre.

Préparation

1/ Désossez le poulet puis découpez-le en cubes

d'environ 1 cm de côté. Mélangez-le ensuite avec tous les éléments de la marinade. Laissez reposer environ 30 mn.
2/ Faites blanchir et émondez les amandes. Grillez-les ensuite dans une poêle non graissée jusqu'à ce qu'elles soient légèrement dorées.
3/ Découpez le poivron en carrés de 2 cm de côté et le piment en allumettes. Émincez les échalotes. Hachez finement le gingembre.
4/ Mélangez bien dans un bol tous les éléments de la sauce.

Cuisson

1/ Faites chauffer à feu vif 2 cuillerées à soupe d'huile d'arachide dans une poêle.
2/ Lorsque l'huile est sur le point de fumer, ajoutez le gingembre, remuez-le dans le fond de la poêle 30 secondes puis incorporez le poulet et faites-le sauter 15 mn en remuant de temps en temps.
3/ Enlevez ensuite le poulet et laissez-le en attente dans une assiette.
4/ Ajoutez une nouvelle cuillerée à soupe d'huile dans la poêle. Faites revenir les échalotes et le piment 30 secondes.
5/ Ajoutez les amandes et le poivron et faites-les sauter 2 mn en remuant constamment avec une spatule
6/ Remettez alors le poulet, réglez à feu modéré, puis incorporez la sauce. Laissez cuire en mélangeant sans arrêt jusqu'à épaississement. Servez immédiatement. Garnissez de persil (facultatif).

20. Canard laqué

Pour 6 personnes. *Préparation :* 30 mn, sans compter le marinage. *Cuisson :* 2 h.

Ingrédients

1 canard prêt à cuire d'environ 2 kg

Pour la laque
1 cuillerée à café de sel
1 cuillerée à soupe de poudre aux cinq-épices *(voir liste de produits chinois et leurs ersatz à la fin du livre)*
1/2 verre de miel liquide (ou mélasse ou sucre roux)
1/3 de verre de sauce de soja
5 cuillerées à soupe de vinaigre blanc
2 cuillerées à soupe de vermouth (ou porto) blanc
2 cuillerées à soupe de fécule
2 gousses d'ail écrasées et finement hachées
10 g dc lovure vivante (ou levure chimique)
du colorant rouge (facultatif)

Préparation

1/ Plongcz lo canard entier dans de l'eau bouillante 30 secondes puis lavez et essuyez l'intérieur et l'extérieur avec des serviettes en papier.
2/ En utilisant un poinçon, faites de multiples trous dans la peau et les muscles du volatile.

3/ Mélangez intimement dans un bol tous les éléments de la laque.
4/ Mettez le canard dans un plat profond. Arrosez-le avec la laque ; versez aussi un peu de laque dans sa cavité.
5/ Laissez mariner le canard au moins 6 heures, au réfrigérateur de préférence, en le retournant et l'arrosant de laque de temps en temps.

Cuisson

1/ Embrochez le canard et faites-le cuire en rôtissoire préchauffée et réglée à 6 *(voir Remarque 5)*.
2/ La cuisson dure environ 2 heures, jusqu'à ce que la peau du canard devienne luisante et soit d'un brun assez foncé.
3/ Après la première heure de cuisson, badigeonnez le canard toutes les 10 mn avec le reste de la laque. Si la laque n'est pas assez sirupeuse à ce moment-là ou si elle est insuffisante, ajoutez-y un peu de miel afin de donner au canard un beau glaçage.
4/ Réglez la rôtissoire à 8 une demi-heure avant la fin de la cuisson.
5/ Pour le découpage, voir Recette 31. Servez chaud ou froid.

Remarques

1/ Ce plat est très connu et est servi dans tous les restaurants chinois et vietnamiens en Occident. Il est pourtant assez difficile de se faire servir un canard entier.

2/ Les condiments d'accompagnement possibles sont la sauce *hoisin (voir liste de produits chinois)* et ceux mentionnés dans la Recette 15, Remarque 2.

3/ Tous les légumes qu'on peut manger en salade sont susceptibles d'être utilisés comme garniture ainsi que la ciboule et des feuilles aromatiques (persil, menthe verte, origan, mélisse, etc.).

4/ Il est de tradition d'accompagner ce plat de petits pains papillons chauds *(Recette 75)*.

5/ Vous pouvez faire cuire le canard au four réglé à 6, mais il serait plus malaisé de le badigeonner souvent pendant la cuisson. Or le badigeonnage fréquent est indispensable. Mettez le canard sur une grille au-dessus d'un plat en pyrex ou de la lèchefrite contenant un peu d'eau. Cette eau empêchera le jus du canard de brûler.

6/ Si votre canard est trop gras, ce qui est souvent le cas lorsqu'il s'agit d'un Barbarie, dégraissez-le au préalable en le faisant cuire 30 mn à la vapeur *(voir procédé de cuisson p. 12)*.

7/ Le canard laqué peut entrer dans la composition de nombreux autres plats tels que le Riz cantonnais, les Petits Pains farcis, les Rouleaux de Crêpes mandarin, etc. *(Recettes 72, 78 et 79 respectivement)*.

21. Poulet braisé

Pour 3 ou 4 personnes. *Préparation* : 15 mn. *Cuisson* : 1 h, y compris le braisage de 45 mn.

Ingrédients

1 poulet prêt à cuire d'environ 1 kg
200 g de champignons de couche frais
2 carottes
2 gousses d'ail
2 cuillerées à soupe de sauce de soja
2 cuillerées à soupe de vermouth blanc
1 cuillerée à café de sucre
1 cuillerée à café de sel
5 pincées de poivre
1 cuillerée à soupe de fécule
12 gouttes d'huile de sésame (facultatif)
1/2 litre de bouillon (ou d'eau)

Préparation

1/ A l'aide d'un fendoir ou d'un couperet, découpez le poulet *avec* os en 10 ou 12 morceaux.
2/ Découpez les champignons verticalement en deux.
3/ Écrasez les gousses d'ail.
4/ Découpez les carottes en tronçons de 2 cm.
5/ Mélangez dans un bol la sauce de soja, le vermouth, le sucre, le sel et le poivre.
6/ Délayez la fécule dans 3 cuillerées à soupe d'eau.

Cuisson

1/ Faites chauffer à feu vif dans un faitout (ou cocotte) 3 cuillerées à soupe d'huile d'arachide. Faites roussir rapidement les morceaux de poulet.
2/ Ajoutez le contenu du bol. Retournez pendant 2 mn puis enlevez poulet et assaisonnement.
3/ Ajoutez dans le faitout 2 nouvelles cuillerées à soupe d'huile. Faites sauter les champignons, les carottes et l'ail en remuant constamment pendant 2 mn.
4/ Remettez le poulet et l'assaisonnement, ajoutez le bouillon et portez rapidement à ébullition.
5/ Réglez ensuite à feu doux et laissez mijoter environ 45 mn.
6/ Ajoutez en fin de cuisson la fécule délayée, tournez doucement 1 mn. Incorporez l'huile de sésame, tournez encore 1 mn puis retirez du feu et servez.

Remarques

1/ Au lieu de faire roussir le poulet à l'huile, vous pouvez le faire sur feu de bois ou de gaz.
2/ On peut substituer aux champignons et aux carottes des poireaux, des pommes de terre, des patates douces et/ou des navets.

22. Poulet frit en papillote

Pour 2 personnes. *Préparation :* 30 mn, sans compter le marinage de 30 mn. *Cuisson :* 20 mn.

Ingrédients

2 grands blancs de poulet désossés (ou 2 cuisses)
2 ciboules avec leur partie verte (ou 1 poireau ou 4 oignons verts avec feuilles)
1 tubercule de gingembre frais (ou 1 piment)
100 g de pousses de bambou (ou 20 haricots mange-tout)
Pour la marinade
2 cuillerées à soupe de sauce de soja
sel
poivre
1/2 cuillerée à café de sucre roux
1 cuillerée à soupe d'alcool de Chao Xing (ou porto blanc)
1 pincée de glutamate (facultatif)
1/2 cuillerée à café d'huile de sésame.

Préparation

1/ Découpez la viande transversalement en fines tranches. Écrasez-les ensuite à l'aide d'un maillet de cuisine ou du dos d'un couperet ou fendoir.
2/ Versez la marinade sur la viande. Laissez reposer 30 mn en retournant de temps à autre.
3/ Découpez les ciboules en lanières de 5 cm de

long, le gingembre en allumettes et les pousses de bambou en lamelles.
4/ Répartissez tous les ingrédients en 20 portions égales. Déposez chaque portion au centre d'un carré de papier ciré (ou papier huilé) de 15 cm de côté préalablement enduit d'une légère couche de saindoux (ou d'huile). Refermez les carrés. Roulez soigneusement les bords pour obtenir des pochettes hermétiques.

Cuisson

1/ Faites chauffer à feu modéré dans une bassine à friture 1 litre d'huile d'arachide jusqu'à 160º.
2/ Faites frire les pochettes 15 mn dans l'huile.
3/ Laissez ensuite les pochettes égoutter rapidement sur du papier absorbant puis servez. C'est aux convives d'ouvrir eux-mêmes les pochettes à l'aide de leur fourchette ou de leurs baguettes. Décorez le plat (facultatif) de rondelles de concombre et/ou de cornichons.

23. Canard frit aux noix d'acajou

Pour 2 personnes. *Préparation :* 30 mn, à part le marinage de 30 mn. *Cuisson :* 25 mn.

Ingrédients

2 cuisses (ou blancs) de canard desossées d'environ 400 g

1 blanc d'œuf
2 cuillerées à soupe de vermouth (ou porto) blanc
1 cuillerée à soupe de fécule
poivre
sel
200 g de noix d'acajou (ou amandes ou cacahuètes)
100 g de concombre
5 petits oignons avec feuilles (facultatif)
1 gousse d'ail
2 cuillerées à soupe de sauce de soja
1 cuillerée à café de sucre roux
2 cuillerées à café de vinaigre
2 pincées de glutamate (facultatif)

Préparation

1/ Découpez le canard en cubes d'environ 2 cm de côté.
2/ Faites une marinade avec le blanc d'œuf, le vermouth, la fécule et le poivre. Laissez tremper le canard dans la marinade 30 mn en retournant de temps à autre.
3/ Faites griller les noix d'acajou dans une poêle épaisse non graissée jusqu'à ce qu'elles aient une teinte brun clair.
4/ Découpez le concombre en morceaux gros comme le bout de votre pouce.
5/ Découpez les feuilles d'oignons en tronçons de 5 cm.

6/ Écrasez la gousse d'ail.
7/ Mélangez dans un bol la sauce de soja, le sucre, le vinaigre et le glutamate.

Cuisson

1/ Faites chauffer à feu modéré dans une poêle profonde 1/2 litre d'huile d'arachide jusqu'à 160°.
2/ Faites frire 3 mn les cubes de canard dans l'huile pour qu'ils deviennent légèrement dorés. Retirez-les ensuite à l'aide d'une écumoire puis laissez-les égoutter complètement sur du papier absorbant.
3/ Enlevez l'huile en ne laissant dans la poêle que la valeur de 2 cuillerées à soupe.
4/ Lorsque l'huile est très chaude, ajoutez le sel puis l'ail.
5/ Faites promener la gousse d'ail sur tout le fond de la poêle pendant 15 secondes puis ajoutez le concombre, les oignons et les noix. Faites sauter 3 mn en remuant constamment avec une spatule.
6/ Remettez alors le canard, réglez à feu modéré, puis incorporez le contenu du bol. Laissez cuire en mélangeant sans arrêt jusqu'à épaississement de la sauce. Servez immédiatement. Garnissez (facultatif) de quelques cerises au sirop ou à l'eau-de-vie.

24. Émincé de pigeon

Pour 2 personnes. *Préparation :* 25 mn, sans compter le marinage et le trempage de 30 mn. *Cuisson :* 12 mn.

Ingrédients

2 pigeons prêts à cuire
150 g de porc maigre
1 oignon
1 branche de céleri
3 cuillerées à soupe de petits pois surgelés
3 champignons parfumés (ou champignons de couche frais)
1 cuillerée à soupe de sauce de soja
1 cuillerée à café de sucre
1/2 cuillerée à café de sel
1/4 de cuillerée à café de poivre
2 cuillerées à café de fécule
3 tranches de gingembre frais (ou 1/2 cuillerée à café de gingembre en poudre)
1 cuillerée à café de vermouth (ou porto) blanc
12 gouttes d'huile de sésame (facultatif)

Préparation

1/ Désossez les pigeons.
2/ Hachez sommairement les pigeons et le porc. Mélangez les viandes dans un saladier avec la

sauce de soja, le sucre, le poivre, la fécule et le vermouth. Laissez mariner 30 mn.
3/ Laissez tremper les champignons parfumés 30 mn dans de l'eau tiède puis égouttez-les bien.
4/ Hachez grossièrement l'oignon, le céleri, les champignons, et finement le gingembre.

Cuisson

1/ Faites chauffer 2 cuillerées à soupe d'huile dans une poêle. Ajoutez le gingembre, remuez quelques secondes puis faites sauter les viandes hachées 5 mn en remuant de temps en temps. Enlevez-les ensuite et laissez-les en attente dans une assiette.
2/ Faites chauffer une nouvelle cuillerée à soupe d'huile dans la poêle. Lorsque l'huile est très chaude, ajoutez le sel puis les légumes. Faites-les sauter 3 mn en remuant constamment avec une spatule.
3/ Réglez alors à feu modéré, remettez les viandes puis incorporez l'huile de sésame. Mélangez le tout quelques instants sur le feu. Servez immédiatement.
4/ Les modes de dégustation de ce plat sont semblables à ceux de l'Émincé de porc aux œufs *(Recette 4, Remarques 1 et 2)*.

25. Poulet sauté sauce piquante

Pour 2 personnes. *Préparation :* 30 mn, à part le marinage de 30 mn. *Cuisson :* 15 mn.

Ingrédients

1/2 poulet d'environ 500 g
1 petite branche de céleri
1/2 oignon
3 pincées de poivre
1 cuillerée à soupe de vermouth (ou porto) blanc
1 gousse d'ail (et/ou 2 tranches de gingembre frais)
1/2 cuillerée à café de sel
de la sauce piquante *(Recette 13)*

Préparation

1/ Désossez le poulet et découpez-le en carrés d'environ 2 cm de côté. Saupoudrez de sel et poivre. Aspergez de vermouth. Laissez mariner environ 30 mn.
2/ Écrasez la gousse d'ail.
3/ Émincez le céleri et l'oignon.
4/ Mélangez dans un bol tous les éléments de la sauce piquante.

Cuisson

1/ Faites chauffer à feu vif 2 cuillerées à soupe d'huile d'arachide dans une poêle.

2/ Lorsque l'huile est très chaude, ajoutez la gousse d'ail. Tournez-la dans le fond de la poêle pendant 15 secondes.
3/ Ajoutez le poulet et faites-le sauter 5 mn en remuant de temps à autre.
4/ Incorporez le céleri et l'oignon et laissez cuire pendant 2 mn en tournant sans arrêt avec une spatule.
5/ Réglez alors à feu modéré, ajoutez le contenu du bol et laissez cuire en tournant doucement et sans arrêt jusqu'à épaississement de la sauce. Servez aussitôt.

Remarques

1/ La sauce peut être préparée longtemps à l'avance puis ajoutée à la préparation 2 mn avant la fin de la cuisson.
2/ Pour avoir un goût différent mais tout aussi bon, vous pouvez remplacer le piment dans la sauce par une cuillerée à café de curry.

26. Canard fumé

Pour 4 personnes. *Préparation :* 20 mn, à part la cuisson à la vapeur de 45 mn. *Cuisson :* 35 mn.

Ingrédients

1 jeune canard prêt à cuire d'environ 1,5 kg
3 cuillerées à soupe de sel et poivre rôtis *(Recette 15, Remarque 2)*

4 cuillerées à soupe de sucre roux
2 cuillerées à soupe de farine
1 cuillerée à soupe de poudre aux cinq-épices
2 sachets-doses de thé
1 cuillerée à soupe d'huile de sésame (ou huile de table)

Préparation

1/ Lavez le canard puis essuyez-le extérieurement et intérieurement avec des serviettes en papier.
2/ Frottez l'intérieur et l'extérieur du canard avec le mélange sel-poivre rôtis. Laissez-le ensuite reposer au moins 6 heures, de préférence dans le réfrigérateur, mais pas plus de 48 heures.
3/ Rincez ensuite le canard abondamment sous un robinet d'eau froide.
4/ Faites cuire le canard 45 mn à la vapeur *(voir procédé de cuisson p. 12)* puis laissez-le refroidir. Égouttez-le bien.
5/ Mélangez le sucre, la farine, les épices et le thé. Répartissez le mélange en une mince couche sur une feuille d'aluminium tapissant tout le fond d'une poêle épaisse en fer ou en fonte, mettez-y ensuite une grille puis posez le canard dessus. Couvrez avec une cloche.

Cuisson

1/ Faites chauffer la poêle à feu modéré pour faire brûler le mélange. C'est ce mélange qui servira de

combustible et la fumée qu'il dégagera imprègnera le volatile. On le jettera après la cuisson.
2/ Éteignez le feu après 20 mn mais laissez le canard sous la cloche encore 15 mn.
3/ En utilisant un pinceau à pâtisserie, enduisez le canard d'une couche d'huile de sésame.
4/ Pour le découpage, voir Recette 31. Servez chaud ou froid.

Remarques

1/ Ce plat s'accompagne généralement de feuilles de laitue ou de Petits Pains papillons chauds *(Recette 75).*
2/ Si vous n'avez pas de cloche, mettez une grande feuille de papier aluminium sur le fond de la poêle. Répartissez le mélange sur la feuille, posez dessus la grille puis le canard, ramenez ensuite les bords du papier au-dessus du canard et faites un sac solidement hermétique.
3/ Au lieu de faire cuire le canard à la vapeur, on peut le faire cuire 45 mn dans un peu d'eau. Le premier mode de cuisson est cependant meilleur, car il dégraisse bien le canard et préserve la consistance de la peau.

27. Poulet cuit au sel

Pour 2 à 3 personnes. *Préparation :* 10 mn, à part le temps de séchage. *Cuisson :* 1 h 35.

Ingrédients

1 jeune poulet prêt à cuire d'environ 1 kg
4 ou 5 kg de sel marin en grain

Pour la sauce
1 ciboule (ou 2 échalotes)
1/2 cuillerée à café de gingembre en poudre
3 branches de persil
1 cuillerée à soupe de vermouth blanc
1/2 cuillerée à café de sel
3 pincées de poivre
1 verre d'eau

Préparation

1/ Essuyez le poulet extérieurement et intérieurement avec des serviettes en papier ; ou suspendez-le dans un endroit frais et aéré entre une heure et deux heures.
2/ Ficelez soigneusement le cou du poulet pour le rendre étanche.
3/ Hachez sommairement la ciboule et le persil. Mélangez dans une tasse tous les éléments de la sauce.
4/ Mettez le poulet le croupion en l'air dans un

saladier, versez la sauce à l'intérieur puis recousez soigneusement l'orifice.

Cuisson

1/ Mettez le sel dans une marmite en terre ou en fonte (ou dans un faitout épais) qui soit légèrement plus grande que le poulet. Chauffez à feu modéré en retournant souvent avec une cuiller jusqu'à ce que le sel devienne très chaud (environ 45 mn).
2/ Enlevez une partie du sel en laissant une couche de 5 cm d'épaisseur au moins au fond de la marmite. Posez le poulet à plat sur cette couche puis recouvrez-le entièrement de sel chaud en tassant légèrement.
3/ Couvrez la marmite hermétiquement (au besoin, mettez un linge sous le couvercle puis posez un objet lourd sur le couvercle). Laissez cuire 45 mn sur feu doux.
4/ Sortez alors le poulet, débarrassez-le de tout le sel. Enlevez le fil de couture et recueillez le jus.
5/ Laissez-le refroidir légèrement puis découpez-le. Pour le découpage, voir Recette 31. Ce plat peut être mangé chaud ou froid. Le jus sera présenté dans un ravier.

Remarques

1/ Le poulet cuit au sel n'est pas du tout salé mais a un goût exquis.
2/ Le sel peut être utilisé plusieurs fois.

3/ On peut avantageusement accompagner ce plat de Petits Pains Papillons chauds *(Recette 75)*.

28. Canard aux huit joyaux

Pour 6 personnes. *Préparation :* 30 mn, sans compter le temps de trempage du riz et des champignons. *Cuisson :* 2 h.

Ingrédients

1 canard prêt à cuire d'environ 2,5 kg
200 g de riz gluant *(voir Remarque 1)*
3 champignons parfumés (ou champignons de couche frais)
100 g de porc maigre
1 tranche de jambon fumé (jambon de Bayonne)
12 crevettes décortiquées
100 g d'amandes (ou cacahuètes)
5 marrons entiers en conserve au naturel
50 g de noix d'acajou (ou noix de Grenoble)
1 branche de céleri
2 cuillerées à soupe de sauce de soja
1 cuillerée à soupe de vermouth (ou porto) sec
1 cuillerée à café de sel
1 cuillerée à café de sucre
1 cuillerée à café d'huile de sésame (facultatif)

Préparation

1/ Laissez tremper le riz 2 heures dans de l'eau tiède puis égouttez-le bien.

2/ Mettez ensuite le riz et 3 verres d'eau dans une casserole, amenez à ébullition puis laissez cuire doucement pendant environ 5 mn, jusqu'à ce que l'eau soit entièrement absorbée.
3/ Versez le riz dans un grand saladier et laissez-le refroidir.
4/ Laissez tremper les champignons parfumés environ 30 mn dans de l'eau tiède.
5/ Faites blanchir puis émondez les amandes et les noix.
6/ Hachez finement le porc, sommairement le jambon, les crevettes et les marrons.
7/ Découpez les champignons et le céleri en lamelles.
8/ Mélangez tous les ingrédients (sauf le canard) dans le saladier pour obtenir une farce.
9/ Mettez la farce dans le canard puis recousez les ouvertures.
10/ Placez le canard, le bréchet en l'air, sur un grand plat en pyrex ou en terre puis ajoutez-y 4 verres d'eau.

Cuisson

1/ Préchauffez le four à 7 pendant 15 mn.
2/ Faites rôtir le canard 2 heures en le retournant toutes les demi-heures sur toutes ses faces. Réglez le four à 5 après 45 mn de cuisson.
3/ Pour servir, ouvrez le canard à l'aide de ciseaux à volaille puis mettez la farce dans un plat de service. Découpez ensuite le volatile selon les

indications de la Recette 31. Mettez les morceaux de viande sur la farce. Garnissez de persil.

Remarques

1/ Le nom de cette recette vient du fait que la farce est généralement composée de riz gluant et de sept autres ingrédients non compris l'assaisonnement. Le riz gluant, qui est l'élément indispensable, peut se remplacer par de l'orge perlé ou, à la rigueur, par du riz à grain rond. Il faut aussi deux sortes de noix ou graines, des crevettes, du porc maigre et du jambon fumé.
2/ On peut également faire cuire le canard farci à l'eau ou à la vapeur. Le temps de cuisson est équivalent : environ 2 heures.

29. Poulet ivre

Pour 4 personnes. *Préparation :* 10 mn, sans compter le temps de marinage. *Cuisson :* 40 mn, à part le marinage de 24 h.

Ingrédients

4 cuisses de poulets désossées
1 cuillerée à soupe de sel et poivre rôtis *(Recette 15, Remarque 2)*

1 ciboule (ou 2 échalotes)
2 tranches de gingembre frais (ou 1/4 de cuillerée à café de gingembre en poudre)
1 verre d'alcool de Chao Xing (ou cognac ou porto blanc)

Préparation

1/ Essuyez le poulet avec des serviettes en papier.
2/ Frottez le poulet avec le mélange sel-poivre rôtis. Laissez ensuite reposer quelques heures, de préférence dans le réfrigérateur, mais pas plus de 48 heures.
3/ Écrasez les tranches de gingembre avec le dos d'un lourd couteau, ou à l'aide d'un pilon.

Cuisson

1/ Mettez dans une marmite à vapeur la ciboule, le gingembre et environ 3 verres d'eau (calculez la quantité de l'eau en fonction de votre marmite à vapeur, de sorte que, en fin de cuisson, il en reste environ 1 verre).
2/ Faites cuire le poulet à la vapeur à grand feu pendant 30 mn, à compter du moment de l'ébullition de l'eau *(voir procédé de cuisson p. 12)* Il est évident que la viande ne doit pas être trempée dans l'eau.
3/ Enlevez les cuisses, laissez-les refroidir puis mettez-les dans un plat profond.

4/ Filtrez le liquide de cuisson en jetant ciboule et gingembre, mélangez-le avec l'alcool et versez la sauce sur le poulet.
5/ Laissez le poulet mariner à couvert 24 heures au réfrigérateur en le retournant deux ou trois fois.
6/ Pour servir, découpez les cuisses de poulets transversalement en tranches de 1 cm d'épaisseur, arrosez d'un peu de marinade et garnissez facultativement de persil et/ou d'échalotes crues émincées. Servez froid en hors-d'œuvre.

30. Poulet frit aux noix

Pour 2 personnes. *Préparation :* 30 mn, sans compter le marinage de 30 mn. *Cuisson :* 20 mn.

Ingrédients

300 g de blancs (ou cuisses) de poulet désossés
150 g de noix de Grenoble (ou noix d'acajou)
2 blancs d'œufs
3 cuillerées à soupe de fécule
1 cuillerée à soupe de vermouth (ou vin) blanc
1 cuillerée à café de sel
4 rondelles d'ananas (facultatif)
sel et poivre rôtis *(Recette 15, Remarque 2)*

Préparation

1/ Enlevez la peau et les nerfs du poulet. Découpez la viande en morceaux de la grosseur des dominos.
2/ Laissez mariner la viande 30 mn dans le sel et le vermouth.
3/ Mélangez bien dans un saladier la fécule et les blancs d'œufs.
4/ Faites blanchir et émondez les noix. Hachez-les ensuite sommairement ; les miettes auront la grosseur des grains de riz ronds.
5/ Trempez les morceaux de viande marinée dans le mélange fécule-œufs puis roulez-les dans les noix hachées.

Cuisson

1/ Faites chauffer jusqu'à 180° dans une poêle profonde 1 litre d'huile d'arachide.
2/ Faites frire les morceaux de viande enrobés de noix environ 10 mn, jusqu'à ce qu'ils soient légèrement dorés.
3/ Retirez la viande à l'aide d'une écumoire et laissez-la égoutter complètement sur du papier absorbant.
4/ Servez chaud dans une assiette. Garnissez de rondelles d'ananas. Servez le mélange sel-poivre rôtis dans un petit ravier.

31. Canard aux cinq-épices

Pour 4 personnes. *Préparation :* 25 mn, à part le marinage de plusieurs heures. *Cuisson :* 50 mn.

Ingrédients

1 canard prêt à cuire d'environ 1,5 kg
3 cuillerées à soupe de sel et poivre rôtis *(Recette 15, Remarque 2)*
1 cuillerée à soupe de sucre roux
1/2 verre de cognac (ou alcool de Chao Xing ou porto blanc)
1 petit tubercule de gingembre
2 ciboules avec leur partie verte (ou 3 échalotes)
1 cuillerée à soupe de poudre aux cinq-épices *(voir liste de produits chinois à la fin du livre)*

Préparation

1/ Lavez le canard puis essuyez-le extérieurement et intérieurement avec des serviettes en papier.
2/ Frottez l'extérieur et l'intérieur avec le mélange sel-poivre rôtis. Laissez ensuite le canard reposer au moins 6 heures, de préférence dans le réfrigérateur, mais pas plus de 48 heures.
3/ Portez 3 litres d'eau à ébullition dans une grande casserole. Plongez-y le canard.
4/ Lorsque l'eau revient à l'état d'ébullition, enlevez le canard et rincez-le abondamment sous un robinet d'eau froide.

5/ Découpez le gingembre en lamelles.
6/ Mettez la poudre aux cinq-épices dans un petit sac en toile ou, mieux, dans un sac en papier à infusion et fermez-le bien.

Cuisson

1/ Mettez dans une grande casserole 2 litres d'eau, le sucre, le cognac, le gingembre, les ciboules et le sac d'épices. Portez à ébullition.
2/ Mettez le canard dans la casserole, son bréchet en dessous. Couvrez et laissez cuire 45 mn à feu doux. Retournez le canard deux ou trois fois.
3/ Éteignez le feu. Laissez le canard refroidir à couvert dans la casserole.
4/ Sortez ensuite le canard. Égouttez-le bien.
5/ Procédez comme suit pour le découpage : Ouvrez le bréchet du canard en utilisant des ciseaux à volaille. A l'aide d'un fendoir (ou un couperet), découpez le cou en tronçons de 2 cm. Enlevez les ailes à la hauteur des épaules et découpez-les en tronçons. Détachez les cuisses et découpez-les en morceaux de 1 cm d'épaisseur (chaque morceau doit comporter os, viande et peau). Fendez la colonne vertébrale en deux dans le sens de la longueur. Découpez les blancs avec os transversalement en morceaux de 1 cm d'épaisseur. Dressez le canard dans un plat de service en reconstituant, dans la mesure du possible, sa forme primitive. Servez froid.

Remarques

1/ Ce plat se consomme généralement sans condiment d'accompagnement mais souvent avec des feuilles aromatiques (persil, menthe, origan, mélisse, etc.).
2/ Le canard aux cinq-épices fait un excellent hors-d'œuvre.

Chapitre

3

Le bœuf

▶ *On doit toujours découper le bœuf transversalement (« contre le grain »), c'est-à-dire perpendiculairement au sens des fibres. Pour faciliter l'opération, faites geler légèrement votre viande au préalable.*

▶ *Il faut se garder de trop faire cuire le bœuf dans la plupart des préparations. Pour cela, on doit, par exemple, faire sauter séparément le bœuf et les légumes en tenant compte de leur temps de cuisson respectif, puis les mélanger rapidement sur le feu.*

▶ *Pour rendre le bœuf plus tendre, versez sur 1 kg de viande une solution de 3 cuillerées à soupe d'eau et de 10 g de levure chimique (levure d'Alsace) puis laissez reposer 30 minutes à 1 heure. Vous pouvez aussi, bien entendu, frapper la viande avec un maillet de cuisine ou le dos d'un lourd couteau.*

32. Bœuf frit en papillote

Pour 2 ou 3 personnes. *Préparation :* 30 mn, sans compter le marinage et le trempage. *Cuisson :* 20 mn.

Ingrédients

400 g de rumsteack
20 haricots mange-tout (ou 100 g de pousses de bambou)
20 g de champignons parfumés (ou 50 g de champignons de couche)
Pour la marinade
1 gousse d'ail (ou 2 tranches de gingembre frais)
2 échalotes
3 pincées de glutamate (facultatif)
1/2 cuillerée à café d'huile de sésame (facultatif)
3 pincées de poivre
2 cuillerées à soupe de vermouth (ou porto) blanc
1/2 cuillerée à café de sucre
2 cuillerées à soupe de sauce de soja

Préparation

1/ Découpez la viande transversalement en fines tranches. Mettez-les dans un saladier.
2/ Écrasez puis hachez finement l'ail. Émincez les échalotes.
3/ Mélangez dans un bol tous les éléments de la

marinade. Versez le mélange sur la viande. Laissez mariner au moins 1 heure en retournant de temps en temps.
4/ Laissez tremper les champignons parfumés environ 30 mn dans de l'eau tiède puis essorez-les bien et découpez-les en lamelles.
5/ Répartissez tous les ingrédients en 20 portions égales. Déposez chaque portion au centre d'un carré de papier huilé (ou papier ciré) de 15 cm de côté, préalablement enduit d'une légère couche de saindoux (ou d'huile). Refermez les carrés ; roulez soigneusement les bords pour obtenir des pochettes hermétiques.

Cuisson

1/ Faites chauffer à feu modéré dans une bassine à friture 1 litre d'huile d'arachide jusqu'à 160°.
2/ Faites frire les pochettes 5 mn dans l'huile.
3/ Laissez ensuite les pochettes égoutter sur du papier absorbant puis servez. Les convives ouvriront eux-mêmes les pochettes à l'aide de leur fourchette ou leurs baguettes. Décorez le plat de persil (facultatif).

33. Bœuf sauté sec aux poivrons

Pour 2 ou 3 personnes. *Préparation :* 15 mn, à part le marinage d'1 h. *Cuisson :* 10 mn.

Ingrédients

400 g de flanchet de bœuf bien paré
2 poivrons de taille moyenne
1 oignon
1/2 cuillerée à café de gingembre en poudre
1/2 cuillerée à café de sel
1 gousse d'ail
10 gouttes d'huile de sésame (facultatif)
Pour la marinade
1 cuillerée à café de sucre roux
1 cuillerée à soupe d'alcool de Chao Xing (ou porto blanc)
1 cuillerée à soupe de fécule
2 cuillerées à soupe de sauce de soja
1 cuillerée à soupe d'huile
5 g de levure chimique (facultatif)
1 blanc d'œuf

Préparation

1/ Découpez le bœuf « contre le grain » en lamelles.
2/ Mélangez intimement dans un saladier tous les éléments de la marinade. Ajoutez-y ensuite la

viande. Laissez mariner 1 heure en retournant de temps en temps.
3/ Découpez les poivrons et l'oignon en lamelles.
4/ Écrasez la gousse d'ail.

Cuisson

1/ Faites chauffer une cuillerée à soupe d'huile d'arachide dans une poêle. Quand l'huile est sur le point de fumer, faites revenir l'ail 30 secondes.
2/ Ajoutez le bœuf puis le gingembre et faites sauter 3 mn en retournant de temps à autre. Enlevez la viande lorsqu'elle devient assez sèche et gardez-la en attente dans une assiette.
3/ Ajoutez une nouvelle cuillerée à soupe d'huile dans la poêle. Gardez le feu vif.
4/ Lorsque l'huile est très chaude, ajoutez le sel puis l'oignon et les poivrons. Faites les revenir 3 minutes en remuant sans arrêt avec une spatule.
5/ Réglez alors le feu assez doux, remettez le bœuf, ajoutez l'huile de sésame. Mélangez le tout 1 mn puis retirez du feu. Servez immédiatement.

Remarques

1/ On peut remplacer les poivrons par des champignons frais, du céleri en branche, des pousses de bambou ou des concombres.
2/ Au lieu de faire sauter la viande, on peut la faire

frire 1 minute dans un bain d'huile chaude (160°) puis l'égoutter soigneusement sur du papier absorbant et la laisser en attente.

34. Bœuf sauté aux oignons

Pour 2 ou 3 personnes. *Préparation :* 15 mn, à part le marinage de la viande. *Cuisson :* 15 mn.

Ingrédients

400 g de contre-filet (ou rumsteack)
3 gros oignons
1 gousse d'ail
1/2 cuillerée à café de gingembre en poudre
1/2 cuillerée à café de sel
10 gouttes d'huile de sésame (facultatif)

Pour la sauce
1 cuillerée à soupe de fécule
2 cuillerées à soupe de sauce de soja
1 cuillerée à café de sucre roux
1 verre de bouillon (ou eau)

Pour la marinade
1 cuillerée à soupe de cognac (ou porto blanc)
2 cuillerées à café de fécule
1 cuillerée à soupe d'huile
5 g de levure chimique (facultatif)
5 pincées de poivre

Préparation

1/ Découpez le bœuf « contre le grain » en lamelles.
2/ Mélangez intimement dans un saladier les éléments de la marinade. Ajoutez-y ensuite la viande. Laissez mariner 1 heure en retournant de temps en temps.
3/ Découpez les oignons en demi-rondelles.
4/ Écrasez la gousse d'ail.
5/ Mélangez dans un bol les ingrédients de la sauce.

Cuisson

1/ Faites chauffer 1 cuillerée à soupe d'huile d'arachide dans une poêle. Quand l'huile est sur le point de fumer, faites revenir l'ail 30 secondes.
2/ Ajoutez le bœuf puis le gingembre et faites sauter 3 mn en retournant de temps en temps.
3/ Enlevez alors la viande et laissez-la en attente dans une assiette.
4/ Ajoutez une nouvelle cuillerée à soupe d'huile dans la poêle. Gardez le feu vif.
5/ Lorsque l'huile est très chaude, ajoutez le sel puis les oignons. Faites-les revenir 2 mn en les remuant constamment avec une spatule.
6/ Réglez alors à feu modéré, couvrez et laissez cuire à l'étouffée 1 ou 2 mn selon votre goût.
7/ Remettez la viande, ajoutez le bol de sauce. Laissez cuire en tournant doucement jusqu'à épaississement.

8/ Incorporez l'huile de sésame. Mélangez quelques secondes puis retirez du feu et servez aussitôt. Garnissez de persil (facultatif).

Remarques

1/ Cette recette est sensiblement identique à la précédente, la principale différence résidant dans le fait que l'une comporte une sauce onctueuse tandis que dans l'autre la viande servie sans sauce est plus croustillante.
2/ On peut remplacer les oignons par n'importe quel autre légume. Pour les légumes durs (carotte, chou-fleur, céleri, etc.), le temps de cuisson à l'étouffée peut être plus long ; au besoin ajoutez un peu de bouillon (ou eau) pour empêcher les légumes de brûler.
3/ Ce plat est classique. Vous pouvez le commander dans tous les restaurants chinois et vietnamiens en Occident.

35. Bœuf sauté à la sauce d'huître

Pour 2 ou 3 personnes. *Préparation* : 15 mn. *Cuisson* : 8 mn.

Ingrédients

400 g de contre-filet bien paré
1 gousse d'ail (ou 2 tranches de gingembre frais)

1 ciboule (ou 5 feuilles d'oignon)
2 cuillerées à soupe de sauce d'huître *(voir liste de produits chinois à la fin du livre)*
1/2 cuillerée à café de sel
1 cuillerée à café de sucre
poivre
10 cuillerées à soupe de bouillon (ou eau)
2 cuillerées à café de fécule
1 cuillerée à café de sauce de soja

Préparation

1/ Découpez le bœuf « contre le grain » en fines lamelles.
2/ Écrasez la gousse d'ail.
3/ Hachez sommairement la ciboule.
4/ Mélangez dans une tasse la ciboule, la sauce d'huître, le sel, le sucre, le poivre et le bouillon.
5/ Mélangez dans une seconde tasse la fécule, la sauce de soja et 2 cuillerées à soupe d'eau.

Cuisson

1/ Faites chauffer à feu modéré dans une poêle deux cuillerées à soupe d'huile d'arachide. Lorsque l'huile est très chaude, ajoutez l'ail que vous faites revenir 30 secondes.
2/ Ajoutez le bœuf et faites-le sauter 3 mn en le remuant de temps à autre.
3/ Incorporez le contenu de la première tasse, remuez rapidement puis couvrez et laissez cuire 1 mn.

4/ Ajoutez alors la seconde tasse de mélange, tournez doucement avec une spatule jusqu'à épaississement de la sauce. Servez immédiatement. Garnissez d'amandes émondées et grillées (facultatif).

36. Steaks frits à la chinoise

Pour 2 ou 3 personnes. *Préparation* : 25 mn, à part le marinage de la viande. *Cuisson* : 15 mn.

Ingrédients

400 g de filet de bœuf
1 cuillerée à soupe de fécule
2 blancs d'œufs
Pour la marinade
1 ciboule avec partie verte (ou 2 échalotes)
2 tranches de gingembre frais (ou 1 gousse d'ail)
2 cuillerées à soupe de sauce de soja
2 cuillerées à soupe de vermouth blanc (ou cognac)
5 pincées de poivre
5 g de levure chimique (facultatif)
Pour la sauce
4 cuillerées à soupe de sauce de soja
1 cuillerée à soupe de sauce tomate
1 cuillerée à café de sucre
1/2 cuillerée à café d'huile de sésame (facultatif)

1 cuillerée à soupe de fécule
1/2 verre de bouillon (ou eau)

Préparation

1/ Découpez le bœuf « contre le grain » en tranches de 0,5 cm d'épaisseur.
2/ Frappez les tranches de bœuf avec un maillet de cuisine ou avec le fond d'un solide vase en verre pour les amincir. Mettez-les ensuite dans un saladier.
3/ Hachez finement le gingembre et sommairement la ciboule. Mélangez intimement dans un bol tous les éléments de la marinade.
4/ Versez les ingrédients du bol sur la viande et laissez mariner 1 ou 2 heures en retournant de temps en temps.
5/ Égouttez les tranches de viande et séchez-les avec des serviettes en papier. Jetez la marinade. Rincez le saladier et essuyez-le. Remettez la viande dans le saladier.
6/ Mélangez dans une tasse la fécule et les blancs d'œufs. Versez le mélange sur les tranches de bœuf pour les en enrober.
7/ Mélangez dans une petite casserole tous les éléments de la sauce.

Cuisson

1/ Portez la sauce lentement à ébullition puis laissez cuire à feu doux 2 mn. Gardez ensuite en attente au chaud.

2/ Faites chauffer à feu modéré dans une poêle profonde 1 litre d'huile d'arachide jusqu'à 160°. Faites frire le bœuf dans l'huile, 4 ou 5 tranches à la fois, pendant environ 2 mn. Laissez ensuite égoutter complètement sur du papier absorbant.
3/ Pour servir, disposez les tranches de bœuf frites dans un plat et versez dessus la sauce bien chaude. Garnissez de persil, de croûtons et/ou de chips aux crevettes *(voir liste de produits chinois à la fin du livre)* (facultatif).

37. Bœuf sauté au curry

Pour 2 ou 3 personnes. *Préparation :* 20 mn, à part le marinage de 30 mn. *Cuisson :* 7 mn.

Ingrédients

400 g de filet de bœuf
1 gousse d'ail
5 g de levure chimique (levure d'Alsace)
1 cuillerée à soupe de vermouth (ou porto) blanc
poivre
de la sauce au curry *(Recette 49)*

Préparation

1/ Découpez la viande « contre le grain » en lamelles. Mettez-les dans un saladier.

2/ Écrasez la gousse d'ail.
3/ Mélangez intimement dans une tasse la levure, le poivre et le vermouth.
4/ Versez le mélange sur le bœuf. Laissez mariner environ 30 mn en retournant de temps en temps.
5/ Mélangez dans un bol tous les éléments de la sauce et le curry.

Cuisson

1/ Faites chauffer à feu modéré 2 cuillerées à soupe d'huile d'arachide dans une poêle.
2/ Quand l'huile est sur le point de fumer, ajoutez la gousse d'ail et faites-la revenir vivement pendant quelques 30 secondes.
3/ Ajoutez ensuite le bœuf et faites-le sauter 3 mn en retournant de temps à autre.
4/ Incorporez la sauce au curry. Laissez cuire en tournant doucement avec une spatule jusqu'à épaississement de la sauce. Servez immédiatement.

Remarques

1/ On peut remplacer la sauce au curry par la sauce piquante *(Recette 13)*.
2/ Garnissez le plat de persil et/ou de lambeaux de feuilles de laitue (facultatif).
3/ Pour plus de saveur, on peut faire frire la viande rapidement dans un bain d'huile chaude (160°),

puis la laisser égoutter soigneusement avant de la faire sauter 1 mn.

38. Boulettes de bœuf braisées

Pour 3 ou 4 personnes. *Préparation :* 10 mn. *Cuisson :* 1 h, y compris le temps de mijotage.

Ingrédients

400 g de bœuf haché
100 g de poitrine de porc fraîche
1 œuf
1 cuillerée à soupe de fécule
1/2 cuillerée à café de sel
1 cuillerée à café de vermouth (ou porto) blanc
1/2 cuillerée à café de gingembre moulu
1 verre de bouillon (ou eau)
1 bouquet d'épinards d'environ 400 g (ou 1 demi-chou)

Pour la sauce
3 cuillerées à soupe de sauce de soja
1 cuillerée à café de sucre
1/4 de cuillerée à café d'huile de sésame (facultatif)
2 cuillerées à café de fécule

Préparation

1/ Hachez finement la poitrine de porc.
2/ Mélangez intimement dans un saladier le bœuf,

le porc, l'œuf, la fécule, le sel, le vermouth, le gingembre et, au besoin, un peu d'eau pour obtenir une farce.
3/ Mélangez dans un bol tous les éléments de la sauce en y incorporant 2 cuillerées à soupe de bouillon (ou eau).

Cuisson

1/ Faites chauffer à feu modéré dans une poêle profonde 1/2 litre d'huile d'arachide jusqu'à 180º.
2/ Mouillez votre main gauche, déposez dans la paume 2 ou 3 cuillerées à soupe de farce. Refermez votre main en serrant. Une partie de la farce jaillira de votre poing au-dessus de votre index. A l'aide d'une cuiller mouillée, recueillez-la et déposez-la dans l'huile bouillante pour la faire frire *(voir Recette 7, Cuisson 2).* Faites d'autres boulettes de le même façon jusqu'à épuisement de la farce.
3/ En utilisant une écumoire, retirez les boulettes lorsqu'elles sont légèrement dorées et placez-les dans une seconde poêle. Ajoutez-y le verre de bouillon. Portez rapidement à ébullition puis réglez à feu doux, couvrez et laissez mijoter 30 mn. Au besoin, ajoutez un peu de bouillon ou d'eau.
4/ Pendant ce temps, enlevez l'huile de la première poêle en n'en laissant que 2 cuillerées à soupe. Lorsque l'huile est très chaude, faites sauter les épinards 2 mn en remuant constamment avec une spatule.

5/ Réglez alors à feu modéré, couvrez et laissez cuire les épinards à l'étouffée 1 mn.
6/ Ajoutez la sauce aux boulettes. Tournez doucement avec une spatule pendant 1 mn.
7/ Pour servir, mettez les épinards dans un plat puis versez dessus les boulettes et leur sauce. Servez chaud. Garnissez de persil et/ou de ciboule hachés (facultatif).

39. Bœuf sauté aux œufs

Pour 2 ou 3 personnes. *Préparation :* 15 mn, sans compter le marinage d'1 h. *Cuisson :* 15 mn.

Ingrédients

300 g de faux-filet de bœuf
1 ciboule avec feuilles (ou 5 feuilles d'oignon)
5 œufs

Pour la marinade
1 cuillerée à café de sucre
1/2 cuillerée à café de gingembre en poudre
1/2 cuillerée à café de sel
1 cuillerée à soupe d'alcool de Chao Xing (ou porto blanc)
1 cuillerée à soupe de fécule
2 cuillerées à soupe de sauce de soja
1 cuillerée à soupe d'huile
5 g de levure chimique (facultatif)

Préparation

1/ Découpez le bœuf « contre le grain » en fines tranches. Mettez-les dans un saladier.
2/ Mélangez intimement dans une tasse tous les éléments de la marinade.
3/ Versez le mélange sur la viande. Laissez mariner 1 heure en retournant de temps à autre.
4/ Hachez sommairement la ciboule.
5/ Battez les œufs dans un grand bol.

Cuisson

1/ Faites chauffer à feu vif pendant 30 secondes une poêle. Versez-y 2 verres d'huile d'arachide.
2/ Attendez 1 minute puis ajoutez le bœuf. Faites frire 3 mn, toujours à feu vif.
3/ Retirez la viande à l'aide d'une écumoire et laissez-la égoutter complètement sur du papier absorbant.
4/ Mélangez ensuite la viande avec les œufs battus.
5/ Enlevez l'huile de la poêle en n'en laissant que 3 cuillerées à soupe.
6/ Faites revenir la ciboule 1 mn dans l'huile puis incorporez le mélange œufs-viande. Réglez à feu doux. Tournez doucement les ingrédients avec une spatule jusqu'à ce que les œufs deviennent assez fermes mais nullement secs ou brunis. Servez immédiatement.

40. Bœuf cuit à la vapeur

Pour 2 ou 3 personnes. *Préparation :* 15 mn, à part le marinage de 30 mn. *Cuisson :* 40 mn.

Ingrédients

400 g de filet de bœuf
2 ciboules (ou 1 poireau)
1 tranche de gingembre frais (ou 1 gousse d'ail)
1 cuillerée à soupe de vermouth (ou porto) blanc
1 cuillerée à soupe de sauce de soja
1/2 cuillerée à café de sel
1 cuillerée à café de sucre roux
2 cuillerées à café de fécule
1 cuillerée à café d'huile d'arachide

Préparation

1/ Découpez le bœuf « contre le grain » en tranches de 0,5 cm d'épaisseur.
2/ Hachez finement le gingembre puis mélangez-le dans un bol avec le vermouth, la sauce de soja, le sel, le sucre, la fécule et l'huile.
3/ Ajoutez le mélange au bœuf et laissez mariner environ 30 mn en retournant de temps en temps.
4/ Hachez sommairement les ciboules.
5/ Placez les tranches de bœuf marinées dans un plat allant à la marmite à vapeur et disposez dessus les morceaux de ciboule.

Cuisson

1/ Faites cuire le bœuf à la vapeur. La cuisson dure environ 40 mn.
2/ Servez la viande dans le plat de cuisson après l'avoir garnie de persil haché.

41. Langue de bœuf braisée

Pour 4 personnes. *Préparation :* 25 mn. *Cuisson :* 15 mn, sans compter le braisage d'environ 3 h.

Ingrédients

1 langue de bœuf d'environ 1 kg
3 cuillerées à soupe d'alcool de Chao Xing (ou porto blanc)
2 cuillerées à soupe de sucre roux
5 cuillerées à soupe de sauce de soja
1 anis étoilé entier ou 8 pointes d'anis étoilé (ou 2 clous de girofle)
3 tranches de gingembre frais (ou 2 gousses d'ail écrasées)
1 cuillerée à café d'huile de sésame (facultatif)
1/4 de cuillerée à café de glutamate (facultatif)
2 ciboules avec leur partie verte (ou 1 poireau)
1 cuillerée à soupe de fécule

Préparation

1/ Mettez la langue dans une casserole et assez d'eau pour couvrir. Amenez à ébullition sur feu vif puis éteignez le feu. Après 5 mn, retirez-la et jetez l'eau.
2/ Débarrassez la langue de sa peau rugueuse puis rincez et égouttez-la soigneusement.
3/ Mélangez dans une tasse la fécule, le sucre, le glutamate, l'huile de sésame et un peu d'eau.

Cuisson

1/ Faites chauffer à feu vif 2 cuillerées à soupe d'huile d'arachide dans une cocotte (ou un faitout). Faites dorer la langue sur tous les côtés.
2/ Ajoutez dans la cocotte 1 litre d'eau froide, les ciboules, le gingembre, l'anis étoilé, la sauce de soja et l'alcool. Portez rapidement à ébullition puis réglez à feu très doux et laissez mijoter à couvert pendant deux heures et demie environ.
3/ Une fois la langue cuite à point, retirez-la et découpez-la transversalement en très fines tranches que vous disposerez de façon décorative sur un plat de service préalablement chauffé.
4/ Ajoutez le mélange à la sauce dans la cocotte après avoir retiré les ciboules, le gingembre et l'anis étoilé. Faites cuire à feu modéré 2 minutes en tournant constamment avec une spatule.
5/ Nappez la viande de sauce et servez.

Remarques

1/ On peut remplacer la langue par un morceau de bœuf pris dans le gîte.
2/ Vous pouvez servir froid. Dans ce cas, mettez la langue dans un sac ou une boîte hermétique et gardez-la au réfrigérateur. Ne découpez la langue qu'au moment de servir. Vous pouvez accompagner ce plat de sa sauce qui doit être alors réchauffée.

Chapitre

4

Les œufs

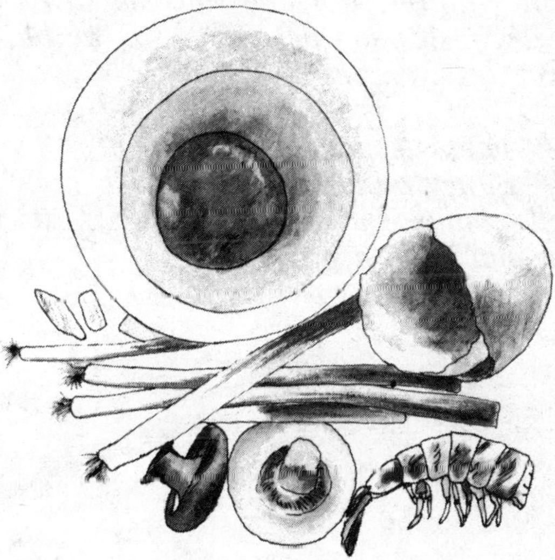

► *Les Chinois ont appris à apprécier les œufs pour leurs valeurs nutritives et diététiques. Aussi les font-ils entrer dans une multitude de préparations. Je ne donne ici que quelques recettes très simples, quelque peu étrangères à la cuisine occidentale, et où les œufs constituent l'élément prédominant. Beaucoup d'autres recettes de ce livre utilisent aussi les œufs.*

► *Les blancs d'œufs sont nécessaires à certaines recettes tandis que les jaunes le sont à certaines autres. Lorsque vous ne savez que faire des restes soit de jaunes soit de blancs, essayez les Recettes 45 ou 46.*

► *On peut décorer pratiquement tous les plats d'une mince omelette découpée en lamelles plus ou moins fines. C'est une bonne habitude à prendre.*

42. Œufs brouillés au crabe

Pour 2 personnes. *Préparation* : 5 mn. *Cuisson* : 5 mn.

Ingrédients

4 gros œufs de poule
60 g de chair de crabe en conserve
2 petits oignons avec feuille
2 champignons parfumés (ou 5 g de champignons noirs)
1 gousse d'ail
poivre
2 cuillerées à café de porto blanc (ou cognac)
1 cuillerée à soupe de *nuoc mam (voir Remarque 1)*
1 pincée de glutamate (facultatif)
quelques gouttes d'huile de sésame (facultatif)

Préparation

1/ Battez légèrement les œufs, le poivre, le porto, le *nuoc mam*, le glutamate et l'huile de sésame dans un bol.
2/ Laissez tremper les champignons 30 mn dans de l'eau tiède puis essorez-les bien.
3/ Hachez sommairement les oignons et les champignons.
4/ Écrasez puis hachez finement la gousse d'ail.

Cuisson

1/ Faites chauffer à feu vif 1 cuillerée à soupe de saindoux (ou huile d'arachide) dans une poêle. Ajoutez l'ail et, quelques secondes après, le crabe. Faites revenir 1 mn en remuant constamment avec une spatule.
2/ Enlevez le crabe et laissez-le en attente dans une assiette.
3/ Ajoutez 1 cuillerée à soupe de saindoux dans la poêle et faites sauter champignons et oignons à feu vif pendant 1 mn.
4/ Remettez le crabe puis incorporez les œufs. Réglez à feu modéré, remuez continuellement tous les ingrédients avec une spatule.
5/ La préparation est prête dès que les œufs ont pris. Servez immédiatement.

Remarques

1/ Pour être fidèle à la tradition, on devrait mettre de la sauce de soja claire. Mais comme ce genre de sauce est difficile à trouver en France et qu'une sauce de soja brune nuirait à l'aspect du plat, je vous propose d'utiliser le *nuoc mam* qui est une sauce vietnamienne. Vous pouvez substituer à la sauce 1/2 cuillerée à café de sel.
2/ Il faut se garder de trop faire cuire les œufs. Ils ne doivent en aucun cas avoir une teinte brune.

43. Œufs de caille sauce piquante

Pour 2 personnes. *Préparation* : 35 mn. *Cuisson* : 30 mn.

Ingrédients

24 œufs de caille *(voir Remarque 1)*
1 blanc d'œuf de poule
de la farine
1 poivron
1 oignon
8 champignons parfumés de petite taille
8 choux de Bruxelles
de la sauce piquante *(Recette 13)*

Préparation

1/ Faites cuire les œufs de caille 8 mn dans de l'eau bouillante puis écalez-les sous un robinet d'eau froide. Séchez-les ensuite avec des serviettes en papier.
2/ Trempez les œufs dans le blanc d'œuf puis roulez-les dans la farine.
3/ Découpez le poivron et l'oignon en carrés d'environ 1 cm de côté.
4/ Laissez tremper les champignons 30 mn dans de l'eau tiède puis essorez-les soigneusement.
5/ Faites blanchir les choux dans de l'eau bouillante puis égouttez-les bien.

Cuisson

1/ Faites chauffer à feu modéré dans une poêle profonde 1 litre d'huile d'arachide jusqu'à 180°.
2/ Faites frire les œufs de caille jusqu'à ce qu'ils aient une teinte légèrement dorée. Enlevez-les ensuite à l'aide d'une passoire.
3/ Faites frire les légumes 2 mn dans la même huile.
4/ Laissez égoutter complètement œufs et légumes sur du papier absorbant puis mettez-les dans un plat de service et gardez-les au chaud.
5/ Portez la sauce piquante lentement à ébullition dans une casserole. Laissez cuire 2 mn en remuant doucement et sans discontinuer. Retirez ensuite du feu et versez sur les œufs et les légumes. Servez chaud.

Remarques

1/ On peut trouver au marché des œufs de caille frais. Des œufs de caille en conserve sont en vente dans les supermarchés et épiceries asiatiques.
2/ Vous pouvez faire sauter les légumes au lieu de les faire frire.
3/ Pour plus de saveur, trempez les morceaux de légumes dans une pâte à beignets *(Recette 13)* avant de les faire frire.
4/ Les œufs de caille et les légumes peuvent être cuisinés à l'avance et conservés au réfrigérateur (1 semaine) ou au freezer (plusieurs mois) puis réchauffés au dernier moment. La sauce piquante, elle aussi, peut être préparée plusieurs jours à l'avance.

44. Omelette chinoise

Pour 3 personnes. *Préparation* : 30 mn. *Cuisson* : 30 mn.

Ingrédients

6 œufs de poule
50 g de crevettes fraîches décortiquées *(voir Remarque 1)*
75 g de porc rôti *(Recette 10)*
3 champignons noirs (ou champignons de couche frais)
100 g de germes de soja
1 cuillerée à café de sel
1 cuillerée à soupe de *nuoc mam (Recette 42, Remarque 1)*
de la sauce aigre-douce *(Recette 2)*

Préparation

1/ Laissez tremper les champignons noirs 30 mn dans de l'eau tiède puis égouttez-les soigneusement.
2/ Hachez sommairement les crevettes, le porc et les champignons.
3/ Faites chauffer à feu vif dans une poêle 1 cuillerée à soupe d'huile d'arachide. Lorsque l'huile est sur le point de fumer, ajoutez les hachis et les germes de soja. Faites-les sauter 2 mn en remuant constamment avec une spatule. Retirez ensuite du feu et laissez refroidir dans une assiette.
4/ Battez les œufs dans un saladier en y incorpo-

rant le sel, le *nuoc mam*, et les ingrédients sautés refroidis. Mélangez bien.

Cuisson

1/ Portez la sauce aigre-douce lentement à ébullition puis gardez-la au chaud.
2/ Faites chauffer 1 cuillerée à soupe d'huile dans une poêle jusqu'à ce qu'elle fume.
3/ Réglez immédiatement à feu doux. Versez dans la poêle la valeur de 4 cuillerées à soupe de mélange d'œufs. Laissez cuire 1 mn environ, jusqu'à ce que la face inférieure de la crêpe ait une teinte dorée. Retournez la crêpe et faites dorer la seconde face. Mettez ensuite la crêpe en attente sur un plat préalablement chauffé.
4/ Faites d'autres crêpes de la même façon jusqu'à épuisement du mélange, en ajoutant pour chacune d'elles 1 cuillerée à café d'huile dans la poêle.
5/ Empilez les crêpes sur le plat puis nappez-les de la sauce aigre-douce.

Remarques

1/ Ce plat, connu sous le fameux nom de *Fou Yong*, est généralement composé d'œufs, de viande, de crustacés et de légumes. Vous êtes entièrement libre d'inclure ce que vous avez sous la main. Je donne ici les ingrédients les plus souvent utilisés.
2/ On peut éventuellement substituer de la chair de crabe aux crevettes, du jambon cuit au porc rôti,

des pousses de bambou ou du céleri en branche sommairement hachés aux germes de soja, de la sauce piquante *(Recette 13)* à la sauce aigre-douce.

45. Jaunes d'œufs frits

Pour 2 ou 3 personnes. *Préparation* : 5 mn. *Cuisson* : 5 mn.

Ingrédients

6 jaunes d'œufs
1 fine tranche de jambon cuit
5 cuillerées à soupe de saindoux (ou beurre)
sel
poivre
2 cuillerées à café de fécule
6 châtaignes d'eau (ou radis)
5 cuillerées à soupe de bouillon

Préparation

1/ Hachez sommairement les châtaignes d'eau.
2/ Battez légèrement les jaunes d'œufs dans un bol en y incorporant au fur et à mesure les châtaignes d'eau, bouillon, sel, poivre et fécule.
3/ Hachez finement le jambon.

Cuisson

1/ Faites chauffer le saindoux dans une poêle jusqu'à ce qu'il soit bien chaud.

2/ Réglez immédiatement à feu très doux. Versez le mélange dans la poêle et tournez sans arrêt avec une spatule jusqu'à son épaississement. Au besoin, augmentez très légèrement le feu. Ne faites pas trop cuire.
3/ Versez dans une assiette les œufs encore à peine cuits, garnissez de jambon haché et servez immédiatement.

46. Blancs d'œufs à la vapeur

Pour 2 personnes. *Préparation :* 5 mn. *Cuisson :* 10 mn.

Ingrédients

8 blancs d'œufs
1 fine tranche de jambon fumé
20 g de ciboulettes
1 verre de lait frais
2 cuillerées à soupe de petites crevettes fraîches décortiquées
1 cuillerée à café de sel
1 cuillerée à café de vermouth (ou porto) blanc
1 pincée de glutamate (facultatif)
poivre

Préparation

1/ Mettez dans un saladier les blancs d'œufs, le sel, le poivre, le vermouth, le glutamate et le lait.

Battez de préférence avec un mixer, jusqu'à apparition d'une nappe de mousse. Ajoutez les crevettes.
2/ Versez le tout dans un bol assez profond.
3/ Hachez finement le jambon.
4/ Découpez en tronçons de 3 cm les ciboulettes.

Cuisson

1/ Mettez le bol dans une marmite à vapeur et faites cuire 5 mn à grand feu *(voir procédé de cuisson p. 12).*
2/ Lorsque la surface de la préparation devient assez solide, saupoudrez-la de jambon haché et de ciboulettes.
3/ Laissez cuire encore 5 mn à feu modéré puis servez.

47. Omelette façon Sichouan

Pour 4 personnes. *Préparation :* 5 mn. *Cuisson :* 20 mn.

Ingrédients

8 œufs de poule
1 cuillerée à café de sel
1 cuillerée à soupe de fécule
100 g de porc maigre
5 champignons de Paris en conserve

1 gousse d'ail
Pour la sauce
1/2 cuillerée à café de gingembre moulu (ou 3 pincées de curry)
1 cuillerée à café de sel
1 cuillerée à café de sucre
1 cuillerée à café de vinaigre de vin
1 cuillerée à café de fécule
1 pincée de glutamate (facultatif)
1/2 verre de bouillon
10 gouttes d'huile de sésame (facultatif)

Préparation

1/ Battez bien dans un saladier les œufs, le sel et la fécule. Utilisez de préférence un batteur électrique.
2/ Hachez finement le porc et sommairement les champignons et l'ail.
3/ Mélangez intimement dans un bol tous les éléments de la sauce.

Cuisson

1/ Faites chauffer dans une grande poêle 5 cuillerées à soupe de saindoux (ou huile d'arachide). Lorsqu'une buée commence à se dégager, versez les œufs dans la poêle en un mouvement circulaire. Réglez à feu doux et laissez cuire à couvert pendant 3 mn environ.
2/ Quand la face inférieure de la crêpe est bien dorée (mais non brunie), découpez en deux à l'aide

d'une spatule en bois. Retournez les moitiés, couvrez et laissez cuire encore 2 mn.

3/ Retirez alors l'omelette et découpez-la en morceaux de 4 cm de longueur et de 2 cm de largeur. Disposez les morceaux en couronne sur une grande assiette préalablement chauffée.

4/ Ajoutez deux nouvelles cuillerées à soupe de saindoux dans la poêle et chauffez à feu vif jusqu'à ce qu'il fume. Ajoutez à ce moment l'ail et faites-le revenir 15 secondes.

5/ Faites sauter le porc 3 mn en remuant deux ou trois fois avec une spatule.

6/ Ajoutez les champignons. Faites sauter 2 mn en retournant sans arrêt.

7/ Incorporez le bol de sauce, baissez légèrement le feu, et laissez cuire en tournant doucement jusqu'à épaississement de la sauce.

8/ Versez le contenu de la poêle sur l'omelette et servez immédiatement. Garnissez de persil et/ou ciboules hachés (facultatif).

48. Œufs aux feuilles de thé

Pour 4 personnes. *Préparation :* 25 mn. *Cuisson :* 1 h 15.

Ingrédients

8 œufs de poule (ou de cane)
1 cuillerée à soupe de sel
2 cuillerées à soupe de sauce de soja
3 cuillerées à soupe de thé noir

1 anis étoilé entier (ou 1 clou de girofle)
1 cuillerée à café de sucre

Préparation

1/ Lavez soigneusement les œufs. Mettez-les dans une casserole avec assez d'eau froide pour les couvrir. Portez à ébullition puis laissez cuire à feu doux 15 mn.
2/ Retirez les œufs, passez-les sous l'eau froide quelques minutes puis, avec le dos d'une cuiller, cassez les coquilles, sans les enlever, en provoquant de fines craquelures sur toute leur surface.

Cuisson

1/ Portez l'eau à ébullition. Plongez-y les œufs et ajoutez le sel, la sauce de soja, le sucre, le thé et l'anis étoilé. Laissez mijoter 1 heure à feu doux en vérifiant de temps en temps que les œufs sont suffisamment recouverts d'eau.
2/ Éteignez ensuite le feu mais laissez les œufs reposer au moins 30 mn dans la casserole couverte (si possible, plusieurs heures).
3/ Retirez les œufs, égouttez-les bien puis écalez-les.
4/ Pour servir, découpez les œufs en deux ou quatre dans le sens de la longueur. Servez froid comme hors-d'œuvre ou comme garniture de diverses viandes et salades. N'écalez les œufs qu'au moment de servir.

Chapitre

5

Les poissons et les crustacés

► *Le poisson utilisé en cuisine chinoise doit être aussi frais que possible. Vous pouvez reconnaître un poisson frais à ces signes : ses branchies sont d'un rose vif, ses yeux clairs et non troubles, sa chair souple et élastique. Si vous ne pouvez vous procurer de poisson assez frais, utilisez du poisson surgelé.*

► *En général, on fait cuire très brièvement poissons, crustacés et coquillages, ce qui pourrait surprendre les non-initiés. La cuisson à la vapeur et la friture en papillote sont les modes de cuisson recommandés, car poissons et fruits de mer gardent ainsi toute leur saveur.*

► *Les poissons et les crevettes frits à grande friture seront plus croustillants si on les fait cuire en deux temps. Faites-les cuire sommairement la première fois puis laissez-les refroidir complètement (à l'air ambiant, au réfrigérateur ou au congélateur) avant de terminer leur cuisson en une seconde friture. Cette pratique vous fait gagner du temps, ce qui est appréciable le jour où vous recevez.*

49. Filets de poisson frits au curry

Pour 3 personnes. *Préparation :* 15 mn, à part le marinage de 30 mn. *Cuisson :* 30 mn.

Ingrédients

de la pâte à beignets *(Recette 13)*
600 g de filets de poisson (cabillaud, dorade, bar, lotte, sole, etc.)
1 gousse d'ail
1 petit tubercule de gingembre (ou du gingembre en poudre)
3 cuillerées à soupe de vermouth (ou porto) blanc
1 cuillerée à café de sel

Pour la sauce au curry
1 verre de bouillon (ou eau)
2 cuillerées à café de curry
2 cuillerées à soupe de sauce de soja
1 cuillerée à soupe de fécule
1 cuillerée à soupe de vinaigre
1 cuillerée à café de sucre roux
2 cuillerées à soupe de petits pois surgelés (facultatif)
10 gouttes d'huile de sésame (facultatif)
3 pincées de glutamate (facultatif)
du colorant jaune (facultatif)

Préparation

1/ Découpez le poisson transversalement en morceaux gros comme des dominos.

2/ Hachez finement l'ail et le gingembre.
3/ Mélangez intimement dans un saladier le poisson, l'ail, le gingembre, le vermouth et le sel. Laissez mariner 30 mn. Retournez de temps à autre.

Cuisson

1/ Faites chauffer dans une poêle profonde, à feu modéré, 1 litre d'huile d'arachide jusqu'à 180°.
2/ Trempez le poisson dans la pâte à beignets puis, en utilisant une fourchette ou des baguettes, prenez les morceaux un par un en laissant retomber la pâte en excédent et faites-les frire dans l'huile.
3/ A l'aide d'une écumoire ou d'une spatule à fentes, retirez les beignets lorsqu'ils ont une belle teinte dorée. Faites-les égoutter soigneusement sur du papier absorbant puis gardez-les au chaud dans un plat de service.
4/ D'autre part, chauffez la sauce au curry, à feu modéré. Tournez doucement et continuellement avec une cuiller jusqu'à ébullition ; la sauce doit épaissir.
5/ Versez la sauce toute chaude sur les beignets et servez immédiatement.

Remarques

1/ Si vous ne faites pas de pâte à beignets, plongez les morceaux de poisson mariné dans 2 œufs battus avant de les faire frire.

2/ Vous pouvez également faire sauter le poisson mariné à la poêle avec un peu d'huile.
3/ Des champignons hachés sommairement peuvent s'ajouter aux petits pois ou les remplacer.
4/ La sauce au curry, mise dans un bocal en verre, peut se conserver une semaine au réfrigérateur.
5/ Les beignets de poisson peuvent se faire à l'avance. Mis dans un sac ou une boîte fermés hermétiquement, ils se conservent une semaine au réfrigérateur et plusieurs mois au congélateur. Pour les utiliser, il suffit de les faire frire de nouveau dans de l'huile ou les réchauffer au four sans les décongeler au préalable.

---

50. Calmars sautés aux champignons

Pour 3 personnes. *Préparation* : 15 mn. *Cuisson* : 15 mn.

Ingrédients

400 g de calmars très frais
200 g de champignons de couche frais
1 oignon
2 gousses d'ail
2 cuillerées à soupe de vermouth (ou porto) blanc
2 cuillerées à soupe de sauce de soja
1/2 cuillerée à café de sel
1 cuillerée à café de sucre

1 verre de bouillon (ou eau)
1 cuillerée à soupe de fécule

Préparation

1/ Ouvrez les calmars puis découpez-les en carrés de 2 cm de côté.
2/ Découpez l'oignon et les champignons en lamelles.
3/ Écrasez les gousses d'ail puis hachez-les sommairement.
4/ Mélangez dans une tasse le vermouth, la sauce de soja, le sel et le sucre.
5/ Mélangez dans une autre tasse la fécule et le bouillon.

Cuisson

1/ Faites chauffer à feu modéré 2 cuillerées à soupe d'huile d'arachide dans une poêle puis faites sauter les calmars 3 mn en remuant constamment.
2/ Ajoutez la tasse de vermouth et laissez cuire encore 2 mn en retournant souvent avec une spatule.
3/ Enlevez les calmars et laissez-les en attente.
4/ Ajoutez une nouvelle cuillerée à soupe d'huile dans la poêle en intensifiant le feu. Lorsque l'huile est sur le point de fumer, ajoutez l'ail, remuez quelques secondes puis incorporez les champignons et l'oignon. Faites sauter 2 mn en retournant sans arrêt.

5/ Remettez les calmars, réglez à feu modéré, ajoutez la fécule délayée. Laissez cuire en tournant doucement jusqu'à épaississement de la sauce. Servez aussitôt. Garnissez de persil et/ou de feuilles d'oignon hachés (facultatif).

51. Bar à la vapeur

Pour 4 personnes. *Préparation* : 30 mn. *Cuisson* : 30 mn.

Ingrédients

1 bar d'environ 1 kg
1 cuillerée à café de sel fin
Pour la sauce
2 cuillerées à soupe de sauce de soja
1 cuillerée à soupe d'alcool de Chao Xing (ou vermouth blanc)
1/2 cuillerée à café de sucre
1 cuillerée à soupe d'huile d'arachide
1 petit tubercule de gingembre (ou du gingembre en poudre)
2 ciboules avec leur partie verte (ou 1 petit bouquet de feuilles d'oignon)
1 gousse d'ail
12 gouttes d'huile de sésame (facultatif)

Préparation

1/ Videz bien le poisson mais laissez-lui la tête et

la queue *(voir Remarque 2)*. Lavez-le à l'eau froide puis essuyez-le soigneusement avec des serviettes en papier.
2/ Pratiquez sur chaque côté du poisson des entailles diagonales profondes à 1 cm d'intervalle les unes des autres.
3/ Frottez le poisson avec le sel, extérieurement et intérieurement. Mettez-le ensuite dans un plat allant à la marmite à vapeur.
4/ Découpez le gingembre en allumettes et les ciboules en fines lanières de 5 cm de long.
5/ Mélangez dans un bol tous les éléments de la sauce. Versez-en le contenu sur le poisson en répartissant gingembre et ciboules.

Cuisson

1/ Faites cuire le poisson à la vapeur (voir p. 12). La cuisson dure environ 30 mn. Il faut que la chair du poisson soit ferme au contact.
2/ Servez très chaud dans le plat de cuisson.

Remarques

1/ Le bar et la carpe sont tout indiqués pour cette recette. A défaut, utilisez tout autre poisson à chair blanche et ferme, comme la daurade par exemple. Si le poisson est trop grand, découpez-le transversalement en 2.
2/ Les Chinois considèrent qu'un poisson sans sa queue sans sa tête n'est pas présentable ; d'ailleurs, ils sont très friands des joues de poisson et des lèvres de carpe.

3/ Traditionnellement, on incorpore à la sauce 1 cuillerée à soupe de haricots noirs salés et fermentés *(voir liste de produits chinois à la fin du livre)* qui donneront au plat un goût très caractéristique. On écrasera les haricots en purée à l'aide d'une fourchette.

52. Seiche frite façon Sichouan

Pour 3 ou 4 personnes. *Préparation :* 30 mn. *Cuisson :* 20 mn.

Ingrédients

2 seiches d'environ 700 g
1 gousse d'ail
3 tranches de gingembre frais (ou 1/2 cuillerée à café de gingembre moulu)
2 piments (ou 1/2 cuillerée à café de purée de piment)
1 poivron de taille moyenne
1/2 oignon
2 cuillerées à soupe de sauce de soja
1 cuillerée à soupe de vermouth (ou porto) blanc
3 pincées de poivre
2 cuillerées à café de fécule
1/2 verre de bouillon (ou eau)

Préparation

1/ Débarrassez les seiches de leur peau et leur os puis ouvrez-les.

2/ En utilisant un couteau bien aiguisé, pratiquez dans la chair des seiches des entailles diagonales profondes à 3 mm d'intervalle les unes des autres.
3/ Faites ensuite d'autres entailles perpendiculaires aux premières.
4/ Découpez la chair scarifiée des seiches en carrés d'environ 2,5 cm de côté puis essuyez-les soigneusement avec des serviettes en papier.
5/ Écrasez la gousse d'ail puis hachez-la sommairement.
6/ Hachez finement le gingembre.
7/ Découpez les piments en allumettes, le poivron et l'oignon en lamelles.
8/ Mélangez intimement dans un bol la sauce de soja, le vermouth, le poivre, la fécule et le bouillon.

Cuisson

1/ Faites chauffer à feu modéré dans une poêle profonde 1 litre d'huile d'arachide jusqu'à 160°.
2/ Mettez tous les morceaux de seiche à frire dans l'huile. Lorsqu'ils s'ouvrent en fleur (après environ 3 mn), retirez-les à l'aide d'une écumoire et laissez-les égoutter complètement sur du papier absorbant.
3/ Enlevez l'huile de la poêle en n'y laissant que la valeur d'1 cuillerée à soupe. Lorsque l'huile est sur le point de fumer, faites revenir à feu vif l'ail, le gingembre et les piments 30 secondes en remuant constamment avec une spatule.

4/ Ajoutez ensuite le poivron et l'oignon et faites sauter le tout 2 mn en retournant sans arrêt.
5/ Remettez les seiches puis incorporez le contenu du bol. Réglez à feu modéré. Remuez doucement tous les ingrédients jusqu'à épaississement de la sauce. Servez aussitôt.

53. Crabe farci

Pour 4 personnes. *Préparation :* 1 h 15. *Cuisson :* 20 mn.

Ingrédients

4 crabes de taille moyenne
100 g de lard fumé (ou jambon fumé)
2 œufs
1 cuillerée à soupe de fécule
100 g de pousses de bambou (ou céleri en branche)
100 g de champignons de Paris en conserve
3 champignons parfumés (facultatif)
10 g de champignons noirs (facultatif)
50 g de vermicelles de soja (ou 100 g de riz cuit)
sel
poivre
1 cuillerée à soupe de vermouth (ou porto) blanc
2 cuillerées à soupe de sauce de soja
1 cuillerée à café de sucre
10 gouttes d'huile de sésame (facultatif)
2 pincées de glutamate (facultatif)

Préparation

1/ Faites cuire environ 20 mn les crabes dans un peu d'eau chaude ou à la vapeur puis décortiquez-les pour récolter leur chair. Gardez les coquilles intactes.
2/ Découpez le lard en fines lamelles.
3/ Laissez tremper les champignons noirs et les champignons parfumés 1 heure dans de l'eau tiède puis essorez-les bien.
4/ Hachez très sommairement les pousses de bambou et les trois sortes de champignons.
5/ Laissez tremper les vermicelles 15 mn dans de l'eau tiède puis égouttez-les et coupez-les en tronçons de 5 cm.
6/ Battez les œufs dans un saladier en incorporant progressivement la fécule.
7/ Versez dans le saladier tous les autres ingrédients, y compris la chair des crabes. Mélangez bien pour obtenir une farce.
8/ Partagez la farce en quatre portions et mettez-les dans les coquilles de crabe en tassant légèrement.
9/ Enveloppez les coquilles farcies dans des carrés de papier huilé (ou papier ciré) de 30 cm de côté. Roulez bien les bords du papier pour faire des pochettes solidement hermétiques.

Cuisson

1/ Faites chauffer 2 litres d'huile d'arachide dans une bassine à friture jusqu'à 160°.
2/ Faites frire les pochettes 15 mn dans l'huile.

3/ Laissez ensuite les pochettes égoutter rapidement sur du papier absorbant puis servez. C'est aux convives d'ouvrir eux-mêmes les pochettes à l'aide de leur fourchette ou de leurs baguettes.

Remarques

1/ Vous pouvez récupérer les coquilles pour des usages ultérieurs. Vous pourrez alors utiliser de la chair de crabe en boîte pour refaire cette recette.
2/ Il est conseillé d'ajouter à la farce un peu de gingembre frais haché (ou du gingembre en poudre) et/ou des feuilles d'oignon hachées.
3/ Vous pouvez préparer les pochettes plusieurs heures à l'avance et les garder au réfrigérateur puis les faire frire seulement au dernier moment.

54. Crevettes sautées façon Chang-hai

Pour 4 personnes. *Préparation :* 30 mn, à part le marinage de 30 mn. *Cuisson :* 10 mn.

Ingrédients

600 g de grosses crevettes (ou langoustines) entières
1 ciboule avec sa partie verte (ou 2 échalotes)
3 lamelles de gingembre frais (ou 1/2 cuillerée à café de gingembre en poudre)

2 gousses d'ail
2 cuillerées à soupe de sauce de soja
2 cuillerées à soupe de vermouth (ou porto) blanc
1 cuillerée à café de sucre
3 pincées de poivre
10 gouttes d'huile de sésame (facultatif)

Préparation

1/ Enlevez les pattes et les moustaches des crevettes mais conservez leur tête.
2/ En utilisant un couteau bien aiguisé, pratiquez une fente dans le dos des crevettes puis enlevez leur veine dorsale noire.
3/ Lavez puis égouttez et essuyez les crevettes avec des serviettes en papier. Ne les décortiquez pas.
4/ Hachez finement le gingembre et l'ail, et sommairement la ciboule.
5/ Mélangez intimement dans un saladier tous les ingrédients, sauf les crevettes et l'huile de sésame.
6/ Ajoutez ensuite les crevettes dans le saladier et laissez mariner 30 mn en retournant de temps en temps.

Cuisson

1/ Faites chauffer à feu vif dans une poêle 2 cuillerées à soupe d'huile d'arachide.
2/ Pendant ce temps, égouttez les crevettes à

l'aide d'une écumoire et gardez la marinade.
3/ Lorsque l'huile est sur le point de fumer, ajoutez les crevettes et faites-les sauter 3 mn en remuant constamment avec une spatule.
4/ Réglez alors à feu modéré, incorporez la marinade, couvrez et laissez cuire à l'étuvée 2 mn en remuant de temps en temps.
5/ Servez chaud après avoir ajouté l'huile de sésame.

Remarques

1/ Cette façon de cuisiner les crevettes est considérée par les Chinois comme la meilleure. Un convive initié n'a pas à se servir de ses doigts pour décortiquer les crevettes ; il le fait uniquement avec ses baguettes, ses lèvres et ses dents.
2/ On peut aussi faire cuire au four les crevettes marinées. Préchauffez le four à 6 pendant 15 mn puis laissez les crevettes cuire 15 mn environ dans leur marinade.
3/ Ce plat se consomme généralement sans sauce d'accompagnement ni garniture.

55. Crevettes sautées aux légumes

Pour 3 personnes. *Préparation* : 45 mn. *Cuisson* : 12 mn.

Ingrédients

400 g de crevettes fraîches de taille moyenne
sel

poivre
1 cuillerée à soupe de fécule
1 concombre moyen
100 g de haricots mange-tout (ou petits pois surgelés)
1 oignon
3 champignons parfumés (ou 5 champignons de Paris en conserve)
1 gousse d'ail
2 cuillerées à soupe de vermouth (ou porto) blanc
1 cuillerée à soupe de sauce de soja
3 tranches de gingembre frais (ou 1/2 cuillerée à café de gingembre en poudre)
10 gouttes d'huile de sésame (facultatif)

Préparation

1/ Décortiquez les crevettes en jetant leur tête.
2/ Débarrassez-les de leur veine dorsale noire puis rincez-les à l'eau froide. Essuyez-les avec des serviettes en papier.
3/ A l'aide d'un couteau pointu aiguisé, faites une incision profonde le long du dos des crevettes. Ouvrez chaque crevette mais ses deux moitiés doivent rester collées ensemble, de sorte qu'elle ressemble quelque peu à un papillon.
4/ Saupoudrez les crevettes de sel et de poivre puis roulez-les dans la fécule.
5/ Épluchez le concombre. Découpez-le en 2 dans le sens de la longueur. Enlevez les graines. Émincez-le en demi-rondelles de 0,5 cm d'épaisseur.

6/ Laissez tremper les champignons 30 mn dans de l'eau tiède puis essorez-les bien.
7/ Découpez les champignons et l'oignon en lamelles.
8/ Écrasez la gousse d'ail puis hachez-la sommairement. Hachez finement le gingembre.

Cuisson

1/ Faites chauffer 2 cuillerées à soupe d'huile d'arachide dans une poêle. Lorsque l'huile est presque fumante, faites sauter l'ail 30 secondes en remuant constamment avec une spatule.
2/ Ajoutez les crevettes et faites-les sauter en remuant sans arrêt jusqu'à ce qu'elles aient une belle teinte rose (2 à 3 minutes). Ajoutez le vermouth et laissez cuire tout en remuant jusqu'à l'évaporation complète de l'alcool. Enlevez alors les crevettes et laissez-les en attente.
3/ Faites chauffer 1 nouvelle cuillerée à soupe d'huile dans la poêle. Ajoutez le gingembre et faites-le revenir 30 secondes.
4/ Ajoutez le concombre, les haricots, l'oignon et les champignons et faites-les sauter 2 mn en remuant continuellement.
5/ Incorporez la sauce de soja, mélangez quelques secondes puis couvrez et laissez cuire à l'étuvée 1 mn.
6/ Découvrez, remettez les crevettes et ajoutez l'huile de sésame. Mélangez bien sur feu modéré 1 mn puis retirez du feu et servez immédiatement.

Remarques

1/ On peut remplacer le concombre et l'oignon par des poivrons, des pousses de bambou, du céleri en branche, des carottes et/ou du chou-fleur. Prolongez d'1 mn le temps de cuisson à l'étuvée si vous utilisez uniquement des légumes fermes. Si des légumes fermes et des légumes plus tendres sont à cuisiner ensemble, les premiers doivent être blanchis auparavant. Des amandes et des noix, grillées ou blanchies au préalable, peuvent être utilisées comme légumes.
2/ On peut, pour plus de saveur, ajouter 1 cuillerée à soupe de sauce d'huître *(voir liste des produits chinois à la fin du livre)* après avoir remis les crevettes dans la poêle.
3/ Garnissez de persil et/ou de ciboules hachés (facultatif).

56. Crevettes farcies

Pour 4 personnes. *Préparation :* 45 mn. *Cuisson :* 15 mn.

Ingrédients

600 g de grosses crevettes roses (bouquets)
1 tranche de jambon fumé
100 g d'amandes (ou cacahuètes)

20 g de champignons parfumés (ou 50 g de champignons de couche frais)
24 haricots mange-tout (ou 100 g de pousses de bambou)
1 tubercule de gingembre frais (ou 1/2 cuillerée à café de gingembre en poudre)
1 jaune d'œuf
3 pincées de glutamate (facultatif)
1/2 cuillerée à café d'huile de sésame (facultatif)
1 cuillerée à café de sucre
5 pincées de poivre
2 cuillerées à soupe de vermouth (ou porto) blanc
1 cuillerée à soupe de sauce de soja
1 cuillerée à café de sel
1 petit bouquet de persil

Préparation

1/ Décortiquez complètement les crevettes, débarrassez-les de leur veine dorsale noire, rincez-les à l'eau froide puis essuyez-les soigneusement avec des serviettes en papier.
2/ A l'aide d'un couteau pointu bien aiguisé, faites une incision profonde le long du ventre des crevettes de sorte que vous pouvez les ouvrir en papillon. Mettez-les dans un saladier.
3/ Hachez finement le gingembre puis écrasez les miettes à l'aide de la lame d'un large couteau.
4/ Mélangez intimement dans une tasse le gingem-

bre, le glutamate, l'huile de sésame, le poivre, le sel et le vermouth. Versez le mélange sur les crevettes. Laissez mariner 30 mn en retournant de temps à autre.
5/ Pendant ce temps, faites blanchir les amandes, émondez-les puis faites-les griller dans une poêle non graissée.
6/ Hachez sommairement le jambon et les amandes. Mélangez le hachis avec le jaune d'œuf.
7/ Laissez tremper les champignons 30 mn dans de l'eau tiède puis essorez-les bien et découpez-les en lamelles.
8/ Déposez 1 cuillerée à café du mélange jambon-amandes-œuf dans chaque crevette marinée puis refermez-la en pressant légèrement.
9/ Répartissez tous les ingrédients, y compris la marinade des crevettes, en 12 portions égales. Enveloppez chaque portion dans un carré de papier huilé (ou papier ciré) d'environ 15 cm de côté, préalablement enduit d'une légère couche de saindoux (ou d'huile). Tournez bien les bords du papier pour obtenir des enveloppes solidement hermétiques.

Cuisson

1/ Faites chauffer jusqu'à 160° 1 litre d'huile d'arachide dans une poêle profonde.
2/ Faites frire les enveloppes 10 mn dans l'huile.
3/ Laissez ensuite les enveloppes égoutter rapidement sur du papier absorbant puis servez. C'est

aux convives d'ouvrir eux-mêmes les enveloppes à l'aide de leur fourchette ou de leurs baguettes.

57. Beignets de crevettes

Pour 4 personnes. *Préparation* : 30 mn. *Cuisson* : 20 mn.

Ingrédients

de la pâte à beignets *(Recette 13)*
500 g de grosses crevettes roses (bouquets)
4 feuilles de laitue
1 concombre de taille moyenne
condiments d'accompagnement facultatifs *(voir Remarques 1, 2 et 3)*

Pour la marinade
1 cuillerée à soupe de sauce de soja
1 cuillerée à soupe de vermouth (ou porto) blanc
1/2 cuillerée à café de gingembre moulu
1/2 cuillerée à café d'huile de sésame

Préparation

1/ Décortiquez les crevettes en commençant par la tête. Arrivé près de la queue, pincez l'extrémité squameuse avec l'index et le pouce d'une main et, avec l'autre main, enlevez la carapace en la sectionnant d'un coup d'ongle à l'endroit pincé ! L'extrémité squameuse restera donc attachée à la chair *(voir croquis)*. A l'aide d'un petit couteau acéré, pratiquez une incision le long du dos et dégagez, puis ôtez les intestins en forme de veine noire ou blanchâtre (certaines crevettes n'ont pas d'intestins). Rincez les crevettes à l'eau froide puis essuyez-les soigneusement avec des serviettes en papier. Comme vous pouvez vous en douter, on prendra les beignets de crevettes avec les doigts par l'extrémité squameuse. Elle servira de prise mais ne se mangera pas.

2/ Laissez tremper les crevettes dans la marinade 30 mn en les retournant de temps à autre.

3/ Pendant ce temps, déchiquetez les feuilles de laitue et découpez diagonalement le concombre en rondelles de 0,5 cm d'épaisseur. Disposez laitue et concombre sur le fond d'un plat de service.

Cuisson

1/ Faites chauffer jusqu'à 180° 1 litre d'huile d'arachide dans une poêle profonde.

2/ Retirez les crevettes de la marinade à l'aide d'une écumoire ; jetez la marinade.

3/ Avec vos doigts, prenez les crevettes par leur queue, trempez-les dans la pâte à beignets, retirez-les ensuite en laissant retomber la pâte en excédent, puis mettez-les une à une à frire dans l'huile.

4/ Lorsque les beignets de crevettes ont une belle teinte dorée, retirez-les à l'aide de baguettes ou

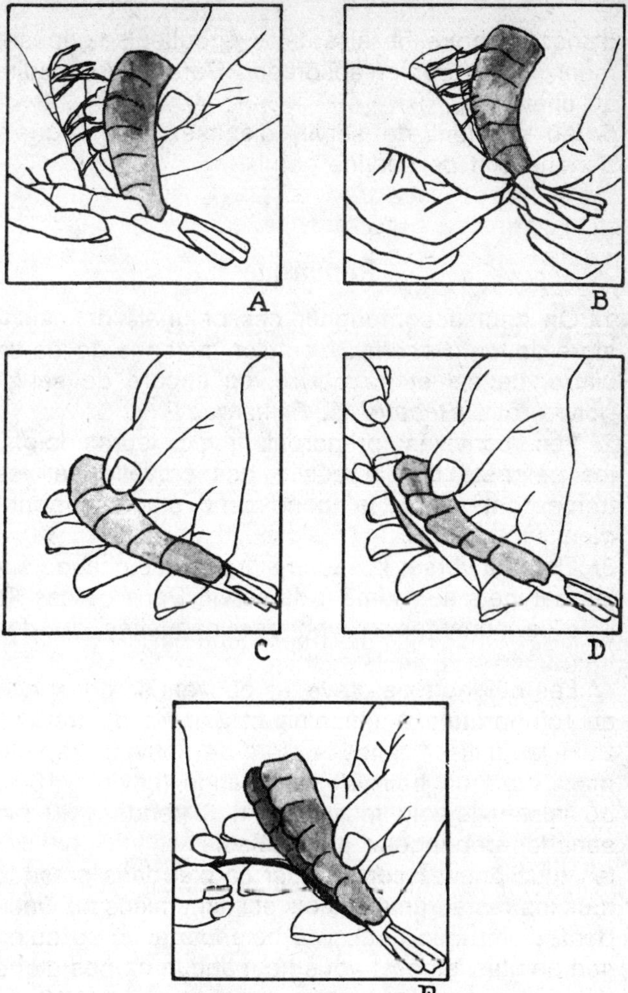

Pour décortiquer les crevettes

d'une écumoire et laissez-les égoutter soigneusement sur du papier absorbant. Gardez-les ensuite au chaud.
5/ Au moment de servir, disposez les beignets dans le plat de service garni.

Remarques

1/ On peut accompagner ces beignets de sauce aigre-douce *(Recette 2)*, ou d'un mélange de jus de citron, de sel et de poivre, ou encore de sel et poivre rôtis *(Recette 15, Remarque 2)*.
2/ Les convives prendront, avec leurs doigts, les beignets par la queue des crevettes et les tremperont dans le condiment d'accompagnement.
3/ On peut verser la sauce aigre-douce chaude sur les beignets au moment de servir. Dans ce cas, le plat se consomme avec des baguettes ou des fourchettes.
4/ Les beignets de crevettes peuvent se conserver au réfrigérateur 1 semaine et 3 mois au freezer. Pour les utiliser, faites-les frire de nouveau rapidement dans un bain d'huile chaude (environ 160º) ou laissez-les au four réglé à 6 pendant 30 mn sans les décongeler au préalable.
5/ Vous pouvez commander ce plat dans presque tous les restaurants chinois et vietnamiens en Occident. Comparez donc vos beignets avec ce qu'on sert habituellement ; vous ne manquerez pas d'être très agréablement surpris.

58. Daurade frite sauce aigre-douce

Pour 4 personnes. *Préparation* : 20 mn. *Cuisson* : 20 mn.

Ingrédients

1 daurade vidée d'environ 1 kg
1 cuillerée à café de sel fin
5 pincées de poivre
2 cuillerées à soupe de vermouth (ou porto) blanc
de la farine
de la sauce aigre-douce *(Recette 2)*

Préparation

1/ Enlevez la tête du poisson. A l'aide d'un fendoir, découpez-la en deux moitiés qui, si possible, doivent rester collées ensemble par l'os du crâne. Ouvrez les moitiés pour que la tête ressemble à un papillon.
2/ Ouvrez le poisson en deux filets. Enlevez l'arête centrale en la sectionnant à la hauteur de la queue, de sorte que les filets restent collés ensemble à cet endroit.
3/ Essuyez bien le poisson avec des serviettes en papier.
4/ Pratiquez sur la partie interne des filets plusieurs entailles diagonales profondes à 2 cm

d'intervalle les unes des autres. Faites d'autres entailles perpendiculaires aux premières.
5/ Saupoudrez le poisson de sel, poivre, vermouth, puis roulez-le dans la farine étalée sur une feuille de papier aluminium (ou sur une planche). Farinez aussi la tête.

Cuisson

1/ Faites chauffer 2 litres d'huile d'arachide dans une bassine à friture jusqu'à 180°.
2/ Faites frire le poisson et sa tête dans l'huile environ 15 mn, jusqu'à ce que le poisson soit brun doré. Laissez égoutter soigneusement sur du papier absorbant.
3/ Pendant ce temps, portez les éléments de la sauce aigre-douce à ébullition dans une casserole en utilisant le feu modéré. Laissez cuire 3 mn en remuant très souvent.
4/ Dressez le poisson dans un plat de service, le côté scarifié au-dessus. Remettez la tête du poisson à sa place normale, l'os du crâne en dessus. Gardez au chaud.
5/ Au moment de servir, versez la sauce aigre-douce sur le poisson.

Remarques

1/ On peut substituer à la daurade n'importe quel autre poisson à chair blanche et ferme, tel que le bar, la carpe, etc.

2/ La sauce aigre-douce doit être abondante.
3/ Pour donner plus de consistance à la sauce, vous pouvez y incorporer quelques lamelles d'oignon, de carottes, de champignons parfumés, des pousses de bambou et/ou 2 cuillerées à soupe de petits pois surgelés.

59. Filets de poisson aux cinq-épices

Pour 2 personnes. *Préparation :* 10 mn, à part le marinage de 3 h. *Cuisson :* 15 mn.

Ingrédients

400 g de filets de poisson
2 grosses échalotes (ou 1 ciboule avec sa partie verte)
2 cuillerées à soupe d'alcool de Chao Xing (ou vermouth blanc)
3 cuillerées à soupe de sauce de soja (ou *nuoc mam*)
1 petit tubercule de gingembre (ou 1/2 cuillerée à café de gingembre moulu)
1/2 cuillerée à café de sel.
1 cuillerée à café de poudre aux cinq-épices *(voir liste de produits chinois à la fin du livre)*
1 cuillerée à soupe de sucre.

Préparation

1/ Découpez les filets de poisson en carrés d'environ 3 cm puis mettez-les dans un saladier.

2/ Émincez les échalotes et hachez finement le gingembre.
3/ Mélangez bien tous les ingrédients (sauf le poisson) dans un bol puis versez le mélange sur le poisson. Laissez mariner 3-4 heures en retournant de temps en temps.

Cuisson

1/ Faites chauffer 5 cuillerées à soupe d'huile d'arachide dans une poêle.
2/ Lorsque l'huile est sur le point de fumer, ajoutez le poisson et laissez-le frire 10 mn en le retournant une ou deux fois avec une spatule.
3/ Retirez les filets de poisson lorsqu'ils deviennent légèrement secs. Servez chaud ou froid. Garnissez au choix de rondelles de concombre et/ou de cresson de fontaine.

60. Crevettes sautées sauce piquante

Pour 3 personnes. *Préparation* : 30 mn. *Cuisson* : 10 mn.

Ingrédients

500 g de crevettes fraîches de taille moyenne
sel

poivre
1 cuillerée à soupe de fécule
1 gousse d'ail
2 cuillerées à soupe de vermouth (ou porto) blanc
1 cuillerée à soupe de sauce de soja
1/2 cuillerée à café de gingembre en poudre
de la sauce piquante *(Recette 13)*

Préparation

1/ Décortiquez complètement les crevettes. Débarrassez-les de leur veine dorsale noire puis rincez-les à l'eau froide. Essuyez-les avec des serviettes en papier.
2/ A l'aide d'un couteau pointu aiguisé, pratiquez une incision profonde le long du dos des crevettes. Ouvrez chaque crevette en veillant que les deux moitiés restent collées ensemble, afin que la crevette ressemble à un papillon.
3/ Saupoudrez les crevettes de sel et de poivre puis roulez-les dans la fécule.
4/ Écrasez puis hachez finement la gousse d'ail.
5/ Mélangez dans une tasse l'ail, le vermouth, le gingembre et la sauce de soja.

Cuisson

1/ Faites chauffer 2 cuillerées à soupe d'huile d'arachide dans une poêle. Lorsque l'huile est très chaude, ajoutez les crevettes et faites-les sauter en

remuant sans arrêt jusqu'à ce qu'elles aient une belle teinte rose (5 à 7 mn).
2/ Ajoutez la tasse d'assaisonnement, baissez légèrement le feu, remuez tous les ingrédients 1 mn puis mettez-les dans une assiette.
3/ Versez la sauce piquante toute chaude sur les crevettes et servez immédiatement.

Remarques

1/ On peut garnir ce plat de persil ou ciboule hachés et/ou de pointes d'asperges ou de brocolis cuits à l'eau légèrement salée.
2/ On peut également remplacer la sauce piquante par la sauce au curry *(Recette 49).*
3/ Au lieu de faire sauter les crevettes, vous pouvez les faire frire 2 mn dans un bain d'huile chaude (160°). Égouttez-les soigneusement.

61. Coquilles Saint-Jacques sautées aux poivrons

Pour 2 à 3 personnes. *Préparation :* 15 mn, sans compter le trempage de 30 mn. *Cuisson :* 10 mn.

Ingrédients

10 coquilles Saint-Jacques (chair seulement)
3 poivrons

3 champignons parfumés (ou 5 champignons de couche frais)
1 ciboule avec une partie verte (ou 10 feuilles d'oignon)
1 gousse d'ail
1 piment
1 cuillerée à soupe de sauce de soja
1 cuillerée à soupe de cognac (ou porto blanc)
1 cuillerée à café de sucre
sel
poivre
2 cuillerées à café de fécule

Préparation

1/ Découpez chaque Saint-Jacques en deux, lavez-la à l'eau légèrement salée puis égouttez-la bien.
2/ Laissez tremper 30 mn dans de l'eau les champignons parfumés tiède puis essorez-les bien.
3/ Découpez les poivrons et les champignons en lamelles.
4/ Émincez la ciboule.
5/ Hachez finement l'ail et sommairement le piment.
6/ Mélangez dans une tasse la sauce de soja, le cognac, le sucre et le poivre.
7/ Délayez la fécule dans 2 cuillerées à soupe d'eau.

Cuisson

1/ Faites chauffer à feu vif 2 cuillerées à soupe d'huile d'arachide dans une poêle. Lorsque l'huile est très chaude, ajoutez le sel puis les poivrons et les champignons. Faites sauter 2 mn en remuant sans arrêt avec une spatule. Enlevez ensuite de la poêle et laissez en attente dans une assiette.
2/ Ajoutez dans la poêle 2 autres cuillerées à soupe d'huile. Faites sauter la ciboule, l'ail et le piment pendant 1 mn en tournant continuellement avec une spatule.
3/ Incorporez les coquilles Saint-Jacques et faites sauter 1 mn en remuant sans arrêt.
4/ Remettez les légumes, ajoutez le contenu de la tasse. Réglez à feu modéré. Mélangez le tout quelques instants.
5/ Ajoutez la fécule délayée, mélangez 1 mn encore. Servez aussitôt.

62. Toasts aux crevettes

Pour 4 personnes. *Préparation* : 20 mn. *Cuisson* : 20 mn.

Ingrédients

300 g de crevettes fraîches
150 g de poitrine de porc fraîche

10 amandes (ou noix d'acajou) émondées
1 œuf
2 cuillerées à café de fécule
1 cuillerée à café de vermouth (ou porto) blanc
sel
poivre
1/4 de cuillerée à café de gingembre moulu
8 tranches de pain de mie rassis

Préparation

1/ Décortiquez les crevettes.
2/ Hachez sommairement les crevettes et les amandes, et finement le porc.
3/ Mélangez intimement dans un saladier tous les ingrédients (sauf le pain) pour obtenir une farce.
4/ Enlevez la croûte des tranches de pain. Tartinez les tranches avec la farce puis découpez chaque tranche en quatre carrés (ou diagonalement en quatre triangles).

Cuisson

1/ Faites chauffer dans une poêle profonde, à feu modéré, 1/2 litre d'huile d'arachide jusqu'à 180°.
2/ Mettez un carré de pain sur une spatule à fente, côté farce en dessous, puis immergez-le doucement dans l'huile. Faites frire une dizaine de carrés à la fois.
3/ Retirez les carrés lorsqu'ils sont dorés (après 5 mn environ) puis laissez les égoutter soigneusement sur du papier absorbant. Servez chaud.

Remarques

1/ Cette préparation fait un excellent hors-d'œuvre ou peut être servie au cours d'un lunch.
2/ On peut préparer des toasts aux crevettes à l'avance puis les garder en attente plusieurs heures dans le four réglé à 1.
3/ Mis dans un sac ou une boîte fermés hermétiquement, les toasts peuvent se conserver 1 semaine au réfrigérateur et plusieurs mois au congélateur. Pour les utiliser, il suffit de les réchauffer au four réglé à 5 pendant 30 mn sans les décongeler au préalable.
4/ Il est conseillé d'utiliser uniquement du pain rassis, car il absorbe moins d'huile. Si vous ne disposez que de pain frais, laissez-le une nuit au réfrigérateur avant de l'utiliser.
5/ Vous pouvez, si vous le désirez, badigeonner la farce d'une couche d'œuf battu avant de mettre les toasts à frire.

Chapitre

6

Les légumes

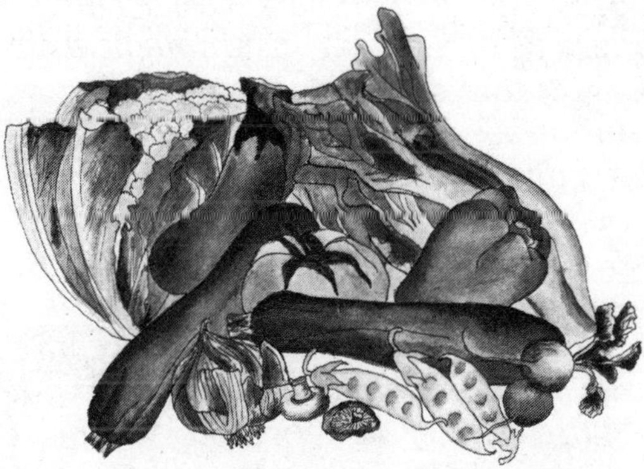

► *A quelques exceptions près, la cuisson des légumes à la chinoise est très différente de celle connue en cuisine française, et on a généralement du mal à la faire accepter aux non-initiés. Pour répondre au goût chinois, qui d'ailleurs correspond parfaitement aux exigences de la diététique, les légumes doivent rester croquants et garder autant que possible leurs couleurs naturelles. Il importe donc de ne jamais trop les cuire.*

► *Si vous faites sauter des légumes, procédez comme suit : Faites chauffer de l'huile d'arachide, à grand feu, dans une poêle. Lorsque l'huile est sur le point de fumer, mettez les légumes. Remuez-les constamment avec une cuiller (ou une spatule) et veillez à ce qu'aucun morceau ne brûle. La cuisson de la plupart des légumes ne dure pas plus de 3 mn. Notez que les légumes sautés, s'ils sont laissés en attente dans la poêle ou même dans une assiette, continuent à cuire et se ramollissent. Aussi, quand vous préparez un plat de viande sautée aux légumes, devez-vous faire sauter* d'abord *la viande et la laisser en attente ; ensuite faites sauter les légumes puis remettez la viande. Si vous voulez faire sauter plusieurs sortes de légu-*

mes ensemble, il est nécessaire de blanchir au préalable ceux qui sont les plus fermes, par exemple les carottes, les asperges, les haricots verts, les choux-fleurs, etc.

► *Si vous faites cuire des légumes à l'eau, attendez que l'eau ait atteint l'état d'ébullition avant de les mettre dans la casserole. Le couvercle doit être maintenu pendant toute la durée de la cuisson, cela afin d'empêcher les légumes de prendre une teinte jaunâtre peu engageante. Utilisez aussi peu d'eau que possible. Ne jetez jamais l'eau de cuisson des légumes, car elle contient beaucoup de vitamines et de sels minéraux ; utilisez-la, par exemple, pour faire des sauces ou des soupes.*

63. Chou à l'aigre-doux

Pour 3 personnes. *Préparation :* 10 mn. *Cuisson :* 10 mn.

Ingrédients

600 g de chou vert
1 poivron vert
1 poivron rouge
1 piment
1/2 cuillerée à café de sel
2 cuillerées à café de sucre
2 cuillerées à soupe de vinaigre de vin
1 cuillerée à soupe de sauce de soja
10 gouttes d'huile de sésame (facultatif)

Préparation

1/ Découpez le chou en larges lamelles.
2/ Videz les poivrons puis découpez-les en fines lamelles.
3/ Videz le piment et découpez-le en fins filaments.
4/ Mélangez dans un bol tous les assaisonnements (sauf le sel).

Cuisson

1/ Faites chauffer 2 cuillerées à soupe d'huile d'arachide dans une poêle, à grand feu. Lorsque l'huile est sur le point de fumer, ajoutez le sel puis les poivrons et le piment. Faites sauter 1 mn en

remuant constamment puis enlevez et mettez en attente.
2/ Versez 3 cuillerées à soupe d'huile dans la poêle et faites sauter le chou 2 mn, toujours à grand feu et en remuant continuellement.
3/ Remettez les poivrons et le piment, ajoutez les assaisonnements. Réglez à feu modéré. Tournez continuellement les ingrédients pendant 2 mn puis retirez du feu.

Remarques

1/ Il faut se garder de laisser les poivrons sautés en attente plus de 2 mn. Ayez donc tous les ingrédients à portée de la main avant d'allumer le feu.
2/ Ce plat se consomme chaud ou, mieux, froid.
3/ A défaut de piment frais, utilisez de la purée de piment. L'huile de sésame est particulièrement recommandée. Le goût sucré et aigre doit être assez prononcé.

64. Aubergines frites au porc

Pour 4 personnes. *Préparation :* 10 mn, à part le trempage des champignons de 30 mn. *Cuisson :* 15 mn.

Ingrédients

2 grandes aubergines
2 gousses d'ail

3 champignons parfumés (ou champignons de couche frais)
200 g de porc maigre
2 cuillerées à soupe de sauce de soja
1 cuillerée à soupe de vermouth (ou porto) blanc
sel
poivre
1 cuillerée à café de sucre
1 cuillerée à café de fécule
10 gouttes d'huile de sésame (facultatif)

Préparation

1/ Découpez chaque aubergine non épluchée en huit morceaux dans le sens de la longueur, puis faites des entailles profondes et transversales sur ces morceaux à 1 cm d'intervalle les unes des autres.
2/ Écrasez puis hachez finement les gousses d'ail.
3/ Hachez sommairement le porc.
4/ Laissez tremper 30 mn dans de l'eau tiède les champignons parfumés puis essorez-les et hachez-les sommairement.
5/ Mélangez dans un saladier le porc, l'ail, les champignons, le vermouth, la fécule et la sauce de soja.

Cuisson

1/ Faites chauffer, dans une poêle profonde, 1 litre d'huile d'arachide jusqu'à 180°. Faites frire les morceaux d'aubergines pendant 3 mn puis retirez-

les et égouttez-les soigneusement. Laissez-les en attente.
2/ Enlevez l'huile de la poêle en n'y laissant que la valeur de 2 cuillerées à soupe. Faites sauter le contenu du saladier pendant 3 mn en remuant de temps à autre.
3/ Ajoutez les aubergines. Mélangez bien.
4/ Incorporez ensuite le sel, le poivre, le sucre et, enfin, l'huile de sésame. Mélangez bien 1 mn puis retirez du feu et servez aussitôt.

Remarques

1/ Au lieu de faire frire les aubergines, on peut les faire sauter 5 à 8 mn avec 2 cuillerées à soupe d'huile d'arachide. Dans l'un et l'autre cas, l'huile doit être très chaude avant l'incorporation des aubergines.
2/ Vous pouvez remplacer le porc par du bœuf, du poulet ou des crevettes. Vous pouvez également substituer des courgettes aux aubergines.
3/ Ce plat chinois rappelle certaines préparations de la cuisine provençale.

---

65. Chop Suey

Pour 3 personnes. *Préparation :* 15 mn. *Cuisson :* 15 mn.

Ingrédients

100 g de porc maigre *(voir Remarque 1)*

100 g de crevettes décortiquées
1 encornet frais
1 tranche de jambon cuit
1 carotte
1 poivron
1 poireau
1 petit concombre
150 g de chou-fleur (ou feuilles de chou)
100 g de nouilles de riz (ou vermicelles de soja)
Pour la sauce
1 cuillerée à café de sucre roux
1/2 cuillerée à café d'huile de sésame (facultatif)
1/2 cuillerée à café de sel
2 cuillerées à soupe de sauce de soja
3 pincées de poivre

Préparation

1/ A part les crevettes et les nouilles, découpez tous les ingrédients en fines lamelles.
2/ Mélangez intimement dans un bol tous les éléments de la sauce.

Cuisson

1/ Dans une poêle profonde, faites chauffer 1 litre d'huile d'arachide jusqu'à 160°. Plongez-y les nouilles sèches et retournez-les une fois si nécessaire. La cuisson ne doit pas durer en tout plus de 20 secondes. Retirez rapidement les nouilles gonflées et laissez-les égoutter sur du papier absorbant. Disposez-les ensuite dans un plat. écrasez-

les un peu puis laissez-les en attente au chaud.
2/ En utilisant la même huile, à la même température, faites frire le porc, les crevettes, l'encornet et le jambon 1 mn au plus, puis retirez à l'aide d'une écumoire, laissez égoutter soigneusement et gardez au chaud dans une assiette.
3/ Faites chauffer 3 cuillerées à soupe d'huile dans une autre poêle puis faites sauter à grand feu tous les légumes 3 mn en remuant constamment.
4/ Ajoutez le contenu de l'assiette puis la sauce. Réglez à feu modéré. Mélangez bien le tout 2 mn puis retirez du feu et versez la préparation sur les nouilles frites. Servez chaud.

Remarques

1/ Cette recette est si courante et si bien connue en Occident sous son nom chinois que j'ai jugé préférable de ne pas lui donner un nom français. Il s'agit essentiellement d'un plat utilisant les restes où prédominent des légumes. Les ingrédients dont je donne ici la liste sont ceux qu'on retrouve souvent dans les restaurants, mais vous êtes absolument libre de choisir et de combiner les denrées dont vous disposez.
2/ Les nouilles de riz et les vermicelles de soja n'ont besoin d'aucune préparation avant d'aller dans la friture.
3/ Il faut se garder de laisser les légumes trop longtemps sur le feu. Un légume qui devient mou n'est plus cuisiné à la chinoise.

66. Aubergines façon Sichouan

Pour 2 personnes. *Préparation* : 10 mn. *Cuisson* : 12 mn.

Ingrédients

4 aubergines de taille moyenne (environ 400 g) bien fermes
2 gousses d'ail
1 petit piment frais (ou 1/4 de cuillerée à café de purée de piment)
1 petit tubercule de gingembre (ou du gingembre en poudre)
2 cuillerées à soupe de sauce de soja
1 cuillerée à café de sucre
1 cuillerée à soupe de vinaigre
1 cuillerée à café d'huile de sésame (facultatif)
1 petit verre de bouillon

Préparation

1/ Découpez les aubergines, sans les éplucher, en morceaux gros comme un doigt.
2/ Écrasez les gousses d'ail et videz le piment.
3/ Hachez sommairement ail, piment et gingembre.
4/ Mélangez dans un bol le bouillon, le sucre et la sauce de soja.

Cuisson

1/ Faites chauffer à grand feu 3 cuillerées à soupe

d'huile d'arachide dans une poêle. Lorsque l'huile est sur le point de fumer, réglez à feu modéré et faites sauter les aubergines 3 mn en les retournant constamment à l'aide d'une spatule.

2/ Enlevez ensuite les aubergines et laissez-les en attente dans une assiette.

3/ En utilisant la même poêle et sans ajouter d'huile, faites sauter à feu modéré ail, piment et gingembre pendant 30 secondes.

4/ Ajoutez le contenu du bol et portez à ébullition.

5/ Remettez les aubergines, mélangez bien et laissez cuire environ 1 mn, jusqu'à ce que toute la sauce soit absorbée.

6/ Ajoutez le vinaigre et l'huile de sésame, remuez quelques instants puis retirez du feu. Servez immédiatement.

67. Salade de concombre au poulet

Pour 2 personnes. *Préparation :* 20 mn. *Sans cuisson.*

Ingrédient

2 concombres de taille moyenne
1 blanc (ou cuisse) de poulet cuit
1 mince tranche de jambon cuit
100 g de vermicelles de soja (facultatif)

Pour la sauce
2 cuillerées à soupe de sauce de soja
2 cuillerées à soupe d'huile de sésame (ou huile de table)
1 cuillerée à soupe de vinaigre
1 cuillerée à café de sucre
1/2 cuillerée à café de sel
poivre
1 échalote (ou 1 gousse d'ail)

Préparation

1/ Épluchez sommairement les concombres. Découpez-les en rondelles de 0,5 cm d'épaisseur puis en bâtonnets.
2/ Découpez le poulet et le jambon en lamelles.
3/ Émincez l'échalote. Mélangez intimement dans une tasse tous les éléments de la sauce.
4/ Laissez tremper les vermicelles 15 mn dans de l'eau bouillante puis égouttez-les bien et découpez-les en tronçons de 10 cm.
5/ Mélangez dans un saladier tous les ingrédients et la sauce. Laissez la préparation au réfrigérateur 30 minutes à 2 heures, mais elle ne doit pas attendre plus longtemps.

68. Courgettes farcies

Pour 2 à 3 personnes. *Préparation* : 30 mn. *Cuisson* : 30 mn.

Ingrédients

4 courgettes de taille moyenne
de la farce *(Recette 81)*
1 œuf entier
1 cuillerée à soupe d'huile

Préparation

1/ Coupez chaque courgette en deux morceaux dans le sens de la longueur. A l'aide d'un couteau et d'une fourchette, videz-la de sa pulpe.
2/ Découpez la pulpe en menus morceaux et mélangez-les à la farce.
3/ Battez dans un bol l'œuf et l'huile.
4/ Huilez modérément un plat en pyrex allant au four.
5/ Répartissez la farce dans les morceaux de courgettes évidés en tassant légèrement.
6/ A l'aide d'un pinceau à pâtisserie, enduisez la surface de la farce d'une couche de mélange œuf-huile.
7/ Mettez les courgettes farcies dans le plat à four.

Cuisson

1/ Préchauffez le four réglé à 7 pendant 15 mn.

2/ Faites cuire les courgettes au four pendant environ 30 mn. Badigeonnez la farce une ou deux fois du mélange œuf-huile.
3/ Servez chaud. Si vos convives mangent avec des baguettes, découpez les courgettes sans les défaire en demi-rondelles de 2 cm d'épaisseur.

Remarques

1/ On peut remplacer les courgettes par des tomates bien fermes. On n'utilisera pas la pulpe des tomates pour faire la farce parce qu'elle est trop liquide ; elle pourra servir à faire des sauces.
2/ Vous pouvez, si vous le désirez, saupoudrer les courgettes farcies de chapelure et, d'autre part, incorporer un peu de riz cuit à la farce.

69. Salade de germes de soja

Pour 2 personnes. *Préparation :* 10 mn. *Cuisson :* 3 mn.

Ingrédients

300 g de germes de soja frais *(voir Remarque 1)*
1 petit poivron (ou concombre)
1 tranche de jambon cuit
1 gousse d'ail
1 cuillerée à soupe de sauce de soja (ou *nuoc mam*)

2 cuillerées à soupe d'huile de sésame (ou huile de table)
poivre ou purée de piment (facultatif)

Préparation

1/ Découpez le jambon et le poivron en fines lamelles.
2/ Écrasez et hachez finement la gousse d'ail.
3/ Mélangez intimement dans une tasse l'ail, la sauce de soja, l'huile de sésame et le poivre.

Cuisson

1/ Mettez dans une casserole 1 litre d'eau, 1 cuillerée à café de sel et 1 cuillerée à soupe de vinaigre, et portez à ébullition.
2/ Faites blanchir les germes de soja en les plongeant dans la casserole 30 secondes puis retirez-les et rincez-les immédiatement à l'eau froide. Égouttez-les bien.
3/ Mélangez soigneusement dans un saladier tous les ingrédients et la sauce. Laissez la préparation au réfrigérateur 30 minutes à 2 heures, mais elle ne peut pas attendre plus longtemps.

Remarques

1/ Les germes de soja constituent un légume nourrissant, digestible et particulièrement rafraîchissant. On les trouve frais dans les épiceries asiatiques et

parfois dans les supermarchés. Les germes de soja en boîte sont en vente partout ; mais comme ils sont cuits et par conséquent mous, il est conseillé de les rincer à l'eau très froide pour les raidir un peu et les égoutter soigneusement avant de les utiliser ; bien entendu, vous ne devez pas blanchir les germes de soja en conserve.
2/ On peut remplacer le jambon par 100 g de petites crevettes décortiquées et cuites à l'eau (ou sautées), ou 100 g de poulet cuit à l'eau (ou rôti) et découpé transversalement en lamelles. Le porc rôti *(Recette 10)* peut parfaitement entrer dans la composition de ce plat.

70. Salade d'asperges

Pour 4 personnes. *Préparation :* 15 mn. *Cuisson :* 10 mn.

Ingrédients

800 g d'asperges très fraîches et tendres
2 cuillerées à soupe de sauce de soja
1 cuillerée à café de sucre
2 cuillerées à soupe de vinaigre blanc
2 cuillerées à soupe d'huile de sésame (ou huile de table)
poivre

Préparation

1/ Enlevez les parties dures des asperges.
2/ Lavez les pointes abondamment à l'eau froide puis coupez-les diagonalement en tronçons de 3 cm de long.
3/ Mélangez bien dans une tasse la sauce de soja, le sucre, le vinaigre, le poivre et l'huile.

Cuisson

1/ Portez à ébullition 2 litres d'eau dans une casserole.
2/ Faites blanchir les asperges en les plongeant dans la casserole 1 mn. Retirez-les rapidement et passez-les immédiatement sous l'eau froide.
3/ Essuyez les asperges à l'aide d'un linge sec puis mettez-les dans un saladier. Ajoutez le contenu de la tasse, mélangez bien puis mettez la préparation au réfrigérateur à + 8°. Servez après une ou deux heures.

Remarques

1/ Les asperges assaisonnées ne peuvent pas attendre plus de deux heures.
2/ On peut, en revanche, laisser les asperges au réfrigérateur pendant plusieurs heures et les assaisonner seulement au moment de servir.

Chapitre

7

Le riz et les pâtes

► *Il existe trois grandes variétés de riz : riz à grain long, riz à grain rond, et riz gluant ou riz glutineux. Cette dernière variété ne se trouve actuellement que dans les épiceries asiatiques et sert à la préparation de certaines recettes (Boulettes perlées, Pudding aux huit trésors, farces, etc.). Voir la liste de produits chinois à la fin du livre.*

► *N'utilisez jamais du riz prétraité ou précuit.*

► *Le riz est un aliment très digestible. Il est en outre tout indiqué pour les régimes amaigrissants car, si vous avez besoin de 200 g de pain (500 calories) pour assouvir votre faim, vous pouvez obtenir le même résultat en consommant seulement 50 g de riz (180 calories).*

► *Il est recommandé de toujours laver soigneusement le riz avant la cuisson, car souvent il n'est pas très propre et il est nécessaire d'enlever l'amidon en excédent.*

► *On appelle nouilles chinoises toutes les nouilles asiatiques de couleur jaune. Elles existent sous des formes très variées. Respectez le temps de cuisson indiqué sur les emballages afin de ne pas avoir de mauvaises surprises. Ce temps peut varier du simple au triple suivant les marques.*

▶ *Lorsque la cuisson à l'eau est terminée, rincez immédiatement les nouilles chinoises sous un abondant jet d'eau froide afin de les saisir et d'arrêter la cuisson. Pour mettre les nouilles cuites en attente, arrosez-les d'un peu d'huile afin de les empêcher de coller.*

▶ *La plupart des variétés de nouilles de riz peuvent être cuisinées à la façon des nouilles jaunes. Mais certaines variétés en vente dans le commerce sont trop cassantes et ne peuvent se cuire qu'à la vapeur et non à l'eau.*

▶ *Il faut se garder de trop cuire les nouilles, sinon elles deviennent pâteuses. Elles doivent être* al dente, *c'est-à-dire légèrement croquantes. Servez-les dès qu'elles sont cuites.*

▶ *Les petits pains chinois, bien qu'ils soient faits avec de la farine de blé, sont extrêmement digestibles, car ils sont cuits à la vapeur et non au four. Je vous recommande vivement d'apprendre à les faire, d'autant plus qu'ils ne posent aucun problème de conservation (voir Recettes 75 et 78).*

71. Riz nature

Pour 4 personnes. *Préparation* : 5 mn. *Cuisson* : 1 h.

Ingrédients

1 bol de riz à grain long *(voir Remarque 5)*
1 bol 1/2 d'eau.

Préparation

1/ Mettez le riz dans une passoire.
2/ Lavez le riz abondamment à l'eau froide, sous un jet ou dans une grande bassine, en le frottant légèrement avec la main ou une grande cuiller, jusqu'à ce que l'eau devienne claire.
3/ Mettez le riz et l'eau dans une casserole. Couvrez.

Cuisson

1/ Portez le contenu de la casserole à ébullition sur feu moyen.
2/ Dès que l'eau bout, remuez rapidement le riz à l'aide d'une spatule en veillant à détacher les grains qui attachent dans le fond.
3/ Couvrez, baissez légèrement le feu et laissez cuire environ 10 mn.
4/ Lorsque l'eau est presque entièrement absorbée et que de petits cratères se forment à la surface du

riz, remuez-le avec la spatule sans oublier les grains qui se trouvent au fond.

5/ Couvrez hermétiquement, réglez à feu très doux (à 2 pour une plaque électrique à 12 numéros) et laissez cuire 15 mn.

6/ Remuez ensuite le riz, cette fois avec une fourchette ou des baguettes mouillées, pour le délier. Il faut agir vite pour limiter la perte de vapeur. Cette opération est souhaitable mais facultative.

7/ Recouvrez hermétiquement et laissez cuire encore 15 mn.

8/ Lorsque la cuisson est terminée, n'enlevez pas immédiatement le couvercle, mais laissez le riz reposer quelques minutes, feu éteint.

9/ Utilisez une fourchette ou des baguettes mouillées pour prendre le riz.

Remarques

1/ Il est important de connaître à fond cette recette, car le riz nature non seulement peut servir à accompagner n'importe quel plat chinois mais aussi entre dans de multiples préparations (Riz cantonnais, farces, salades, etc.). Les grains de riz cuit doivent être à la fois tendres et bien détachés les uns des autres. Entraînez-vous aussi longtemps que cela sera nécessaire, jusqu'à ce que vous ayez acquis une solide compétence.

2/ La pratique de rincer le riz cuit pour séparer les grains est à déconseiller, car elle enlève tout l'arôme du riz.

3/ Si votre riz cuit est collant, entreposez-le dans le réfrigérateur pendant quelques heures en le remuant de temps en temps avec une fourchette ou des baguettes mouillées.
4/ Pour réchauffer du riz cuit, mettez-le dans une casserole, ajoutez un peu d'eau, couvrez hermétiquement et laissez cuire sur feu très doux environ 20 mn. On peut aussi le réchauffer à la vapeur *(voir procédé de cuisson p. 12).*
5/ Si vous utilisez 1 volume de riz à grain rond, mettez seulement 1 volume d'eau, autrement le riz serait trop mou et collant.
6/ Pour avoir du riz plus tendre, augmentez légèrement la quantité de l'eau indiquée.
7/ Pour obtenir le meilleur résultat, veillez à ce que la chaleur soit uniformément répartie sur tout le fond de la casserole pendant la cuisson. Pour cela, utilisez un diffuseur de chaleur ou une plaque chauffante électrique assez large.
8/ La casserole dans laquelle cuit le riz doit pouvoir se fermer hermétiquement. A défaut, mettez un linge humide sous le couvercle avant la phase 5 de la cuisson.
9/ En principe, il ne doit pas y avoir de croûte au fond de la casserole. S'il s'en forme une, n'essayez pas de l'enlever immédiatement car la tâche serait difficile et vous risqueriez d'abîmer votre ustensile. Faites tremper la casserole 1 heure, et la croûte s'en ira toute seule.
10/ Le riz restera bon pendant une heure après la cuisson s'il est laissé dans la casserole bien fermée. S'il doit attendre plus longtemps, transférez-le

dans un plat qui sera fermé hermétiquement et mis au four réglé à 3 ; mais ce laps de temps ne peut pas excéder plus de trois heures, car le riz se dessécherait.

72. Riz cantonnais

Pour 3 personnes. *Préparation* : 5 mn. *Cuisson* : 15 mn.

Ingrédients

3 bols de riz nature *(Recette 71)* entièrement refroidi
1 tranche de jambon cuit
1 oignon
3 cuillerées à soupe de petits pois cuits
3 cuillerées à soupe de petites crevettes décortiquées
2 œufs
2 cuillerées à soupe de sauce de soja
sel
poivre
1 cuillerée à café de porto blanc (facultatif)
10 gouttes d'huile de sésame (facultatif)

Préparation

1/ En utilisant une fourchette ou des baguettes mouillées, retournez le riz pour bien séparer les grains.

2/ Découpez le jambon en menus cubes.
3/ Découpez l'oignon en lamelles.
4/ Battez les œufs, le porto et l'huile de sésame dans un bol.

Cuisson

1/ Faites des œufs brouillés dans une poêle jusqu'à ce qu'ils aient pris sans brunir.
2/ Enlevez les œufs puis écrasez-les en miettes à l'aide d'une fourchette. Laissez-les en attente.
3/ Faites chauffer à grand feu une cuillerée à café de saindoux dans la poêle puis faites revenir 1 mn l'oignon.
4/ Ajoutez le jambon, les petits pois, les crevettes, le sel, le poivre puis la sauce de soja. Faites sauter le tout 1 mn puis enlevez de la poêle et laissez en attente.
5/ Faites chauffer à feu modéré deux nouvelles cuillerées à café de saindoux dans la poêle. Ajoutez le riz et faites-le frire 5 mn en le remuant souvent avec une spatule ou une cuiller.
6/ Incorporez alors tous les ingrédients en attente. Mélangez bien quelques instants sur le feu puis retirez et servez aussitôt.

Remarques

1/ Ce plat est recommandé pour utiliser les restes, ce qui ne l'empêche nullement d'être délicieux.

Vous pouvez y mettre tous les ingrédients qui vous tombent sous la main. Il paraît cependant que ces quatre sortes d'ingrédients sont de rigueur : Riz cuit, viande cuite (poulet, canard, porc, etc.), produit de mer cuit (crabe, crevettes, seiche, filet de poisson, etc.) et légumes (petits pois, pousses de bambou, germes de soja, champignons, etc.).

2/ On peut garnir ce plat de persil ou de feuilles d'oignon hachés.

3/ Au lieu de faire des œufs brouillés, vous pouvez exécuter une mince omelette puis la découper en fines lamelles.

4/ Si le riz vous semble trop sec, aspergez-le d'un peu de bouillon (ou d'eau) avant d'incorporer les ingrédients en attente. Mais pour être bon, ce plat doit être assez sec.

5/ Vous pouvez faire cuire du riz cantonnais quelques heures à l'avance puis le garder dans le four réglé à 3. Cette pratique est recommandée si votre riz n'est pas assez sec.

6/ Ce plat peut se conserver une semaine au réfrigérateur ou plusieurs mois au congélateur. Pour le consommer, il suffit de le décongeler et de le réchauffer à la poêle avec un soupçon de saindoux ou au four réglé à 4.

7/ Le riz cantonnais est servi dans tous les restaurants chinois et vietnamiens en Occident.

73. Rouleaux de printemps

Pour 4 à 6 personnes. *Préparation* : 1 h 30. *Cuisson* : 30 mn.

Ingrédients

Pour la pâte
300 g de farine de blé tamisée
1 œuf
1/2 cuillerée à café de sel très fin
1/2 verre d'eau froide

Pour la farce
300 g d'épaule de porc
100 g de crevettes décortiquées
100 g de vermicelles de soja *(voir Remarque 2)*
2 oignons
1 grosse carotte
3 œufs
6 cuillerées à soupe de *nuoc mam* (ou sauce de soja)
2 cuillerées à café de sucre roux
sel
poivre
1 cuillerée à café d'huile de sésame (facultatif)
1 cuillerée à café de gingembre moulu (facultatif)

Préparation

1/ Faites un cratère dans la farine et battez-y l'œuf. Ajoutez le sel puis versez l'eau au fur et à mesure que vous mélangez à l'aide d'une spatule. Pétrissez ensuite 5 mn jusqu'à obtention d'une pâte homogène, souple et élastique. Recouvrez-la d'un linge humide et laissez-la reposer 30 mn de préférence au réfrigérateur.

2/ Sur une surface légèrement farinée, étalez la pâte au rouleau jusqu'à obtention d'une feuille uniforme d'environ 0,5 mm d'épaisseur. Si la pâte a tendance à coller, saupoudrez-la légèrement de farine.

3/ En utilisant un couteau aiguisé ou une roulette à pâtisserie, découpez la feuille en carrés de 16 cm de côté.

4/ D'autre part, hachez finement le porc et sommairement les crevettes, découpez les oignons en lamelles et la carotte en grosses allumettes, battez les œufs, laissez tremper les vermicelles 15 mn dans de l'eau tiède puis égouttez-les et découpez-les en tronçons de 10 cm environ.

5/ Mélangez intimement dans un grand saladier tous les éléments de la farce. Si la farce est trop molle, ajoutez un peu de viande et/ou de fécule.

6/ Étalez un carré de pâte sur une grande assiette, déposez 1 grande cuillerée à soupe de farce en biais près d'un coin du carré puis roulez la pâte en refermant les extrémités *(voir croquis)*. Pour sceller le dernier coin, mouillez-le de blanc d'œuf avec votre doigt.

7/ Répétez l'opération jusqu'à épuisement de la farce. Laissez les rouleaux reposer 30 mn avant de les faire frire.

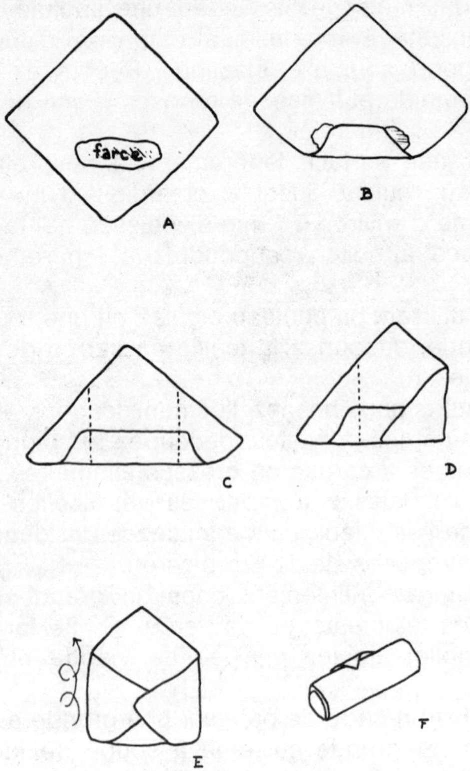

Cuisson

1/ Faites chauffer 2 litres d'huile d'arachide dans une bassine à friture (ou, mieux, une friteuse électrique ou à gaz à thermostat) jusqu'à 180°.
2/ Mettez les rouleaux à frire. N'en mettez que trois

à la fois et attendez que la température de l'huile remonte à 180º avant d'en mettre d'autres.
3/ A l'aide de baguettes ou d'une spatule à fentes, retirez les rouleaux lorsqu'ils ont une belle teinte dorée (après environ 20 mn de cuisson) et laissez-les égoutter soigneusement sur du papier absorbant.
4/ Si vos convives se servent de baguettes, il est recommandé de découper les rouleaux en tronçons de 2 cm. Il est conseillé d'utiliser un couteau électrique pour mieux conserver la forme des tronçons. Servez chaud.
5/ Les rouleaux de printemps s'accompagnent généralement de feuilles de laitue nature (non huilée, non assaisonnée), de diverses feuilles aromatiques (persil, menthe, origan, mélisse, coriandre, etc.) et d'une sauce (*nuoc mam* ou sauce de soja).

Remarques

1/ Ce plat délicieux et célèbre est servi dans tous les restaurants chinois et vietnamiens en Occident. Si vous suivez bien mes indications, votre préparation n'aura rien à envier à celle des chefs.
2/ On peut substituer aux vermicelles 100 g de riz qui sera cuit préalablement à la vapeur et *non* à l'eau. Les grains de riz doivent être fermes et à peine gonflés.
3/ On peut aussi remplacer le porc par du bœuf ou du poulet, les crevettes par du crabe, la carotte par

des germes de soja ou des pousses de bambou. Il est possible, d'autre part, d'utiliser tous ces ingrédients ou d'autres au gré de votre imagination. Les légumes, pour rester fermes, doivent être découpés et non hachés.
4/ Mis dans un sac ou une boîte hermétiques, les rouleaux de printemps peuvent se conserver une semaine au réfrigérateur et plusieurs mois au freezer. Pour les réchauffer, laissez-les au four réglé à 5 de 30 minutes à 1 heure sans avoir besoin de les décongeler au préalable.
5/ Pour obtenir des enveloppes de ravioli chinois *(Recette 81)*, découpez la pâte aux œufs en carrés de 8 cm de côté. Chaque carré de pâte pour rouleaux de printemps donnent donc quatre carrés pour ravioli.
6/ Les carrés de pâte aux œufs peuvent se conserver plusieurs mois au congélateur à condition de les saupoudrer de farine puis les envelopper hermétiquement dans une feuille de papier aluminium ou de cellophane. Il est nécessaire de les décongeler complètement avant usage.
7/ Vous pouvez, à la place de la pâte aux œufs, utiliser des galettes de riz séchées qui sont en vente partout en France. La saveur de votre plat n'en sera que meilleure. Mouillez les galettes avec une éponge humide ou plongez-les rapidement- dans de l'eau froide avant de les rouler. Il ne sera pas nécessaire de les sceller avec du blanc d'œuf.

74. Nouilles frites à la viande sautée

Pour 3 personnes. *Préparation* : 15 mn. *Cuisson* : 20 mn.

Ingrédients

300 g de nouilles chinoises (nouilles jaunes)
300 g de porc maigre
100 g de champignons de couche frais
100 g de céleri en branche
1 oignon
3 cuillerées à soupe de petits pois surgelés
Pour la sauce
1 grande cuillerée à soupe de fécule
2 cuillerées à soupe de sauce de soja
2 cuillerées à soupe de sauce tomate
1 cuillerée à soupe de vinaigre blanc
1 cuillerée à café de sucre
1 gousse d'ail
2 pincées de glutamate (facultatif)
1/2 cuillerée à café d'huile de sésame (facultatif)
1 grand verre de bouillon (ou eau)

Préparation

1/ Laissez tremper les nouilles 15 mn dans de l'eau froide puis rincez et égouttez-les très soigneusement.

2/ Découpez transversalement le porc et le céleri en lamelles. Émincez l'oignon. Découpez les champignons verticalement en lamelles.
3/ Écrasez puis hachez finement la gousse d'ail.
4/ Mélangez bien dans un bol tous les ingrédients de la sauce.

Cuisson

1/ Faites chauffer 1 litre d'huile d'arachide jusqu'à 160° et faites-y frire les nouilles jusqu'à ce qu'elles soient bien dorées (environ 2 mn).
2/ Retirez et égouttez soigneusement les nouilles sur du papier absorbant. Placez-les alors dans un grand plat de service puis gardez-les en attente au chaud.
3/ Portez le mélange de sauce à ébullition dans une casserole, tournez-la quelques instants avec une cuiller puis placez-la en attente au chaud.
4/ D'autre part, faites chauffer 2 cuillerées à soupe d'huile d'arachide (ou de saindoux) dans une poêle. Lorsque l'huile est sur le point de fumer, faites sauter le porc à grand feu pendant 5 mn, en remuant de temps en temps avec une spatule.
5/ Incorporez ensuite les légumes et faites-les sauter 3 mn en remuant constamment.
6/ Versez ensuite le contenu de la poêle sur les nouilles et nappez le tout de la sauce. Le plat doit être servi immédiatement.

Remarques

1/ On peut remplacer le porc par du bœuf, du

poulet ou du mouton. On peut aussi varier les légumes selon les circonstances. En définitive, vous pouvez utiliser n'importe quel plat de viande sautée aux légumes.

2/ N'oubliez pas qu'il doit y avoir suffisamment de sauce onctueuse pour ramollir les nouilles frites. La sauce, d'ailleurs, peut se préparer plusieurs jours à l'avance.

3/ Au lieu de faire frire les nouilles à grande friture, vous pouvez procéder comme suit : faites-les cuire 10 mn dans de l'eau bouillante puis rincez-les immédiatement sous un abondant jet d'eau froide et égouttez soigneusement. Huilez légèrement une feuille d'aluminium, déposez-y les nouilles en une plaquette et laissez-les 30 mn dans le four préalablement chauffé et réglé à 7.

75. Petits pains papillons

Pour 4 personnes. *Préparation :* 1 h, sans compter le repos de la pâte de 2 h. *Cuisson :* 20 mn.

Ingrédients

500 g de farine de blé tamisée
1 paquet de 20 g de levure vivante (en vente en boulangerie)
1 verre (1/5 de litre) d'eau tiède à 40°
1 cuillerée à soupe de sucre très fin
huile de sésame (facultatif)
du colorant rouge (facultatif)

Préparation

1/ Mettez la levure et le sucre dans un bol puis versez-y 5 cuillerées à soupe d'eau tiède (l'eau ne doit être ni trop froide ni trop chaude). Remuez jusqu'à complète dissolution du mélange. Laissez reposer environ 10 mn, jusqu'à ce que le mélange ait doublé de volume.
2/ Faites un cratère dans la farine, versez-y le mélange levure-sucre puis le verre d'eau tiède en mélangeant jusqu'à obtention d'une pâte. Travaillez cette pâte jusqu'à ce qu'elle devienne homogène, ferme et élastique. Recouvrez-la ensuite d'un linge humide et laissez-la reposer une à deux heures dans un endroit tiède jusqu'à ce qu'elle ait doublé de volume.
3/ Sur une surface légèrement farinée, pétrissez encore la pâte 15 mn pour qu'elle soit bien souple et élastique. Elle est maintenant prête pour la confection des Petits Pains papillons (cette recette) ou des petits pains farcis *(Recette 78)*.
4/ Façonnez la pâte en un rouleau de 6 cm de diamètre puis, à l'aide d'un couteau aiguisé et légèrement fariné, découpez le rouleau en rondelles de 1 cm d'épaisseur.
5/ En utilisant un pinceau à pâtisserie, enduisez les rondelles d'une très légère couche d'huile de sésame sur une seule face.
6/ Repliez les rondelles en deux, la face huilée restant à l'intérieur *(voir croquis)*.
7/ A l'aide d'une spatule, faites des créneaux tout autour des rondelles et des traits sur la surface de

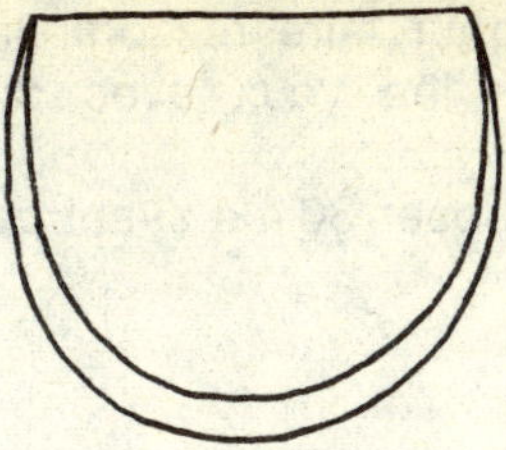

A

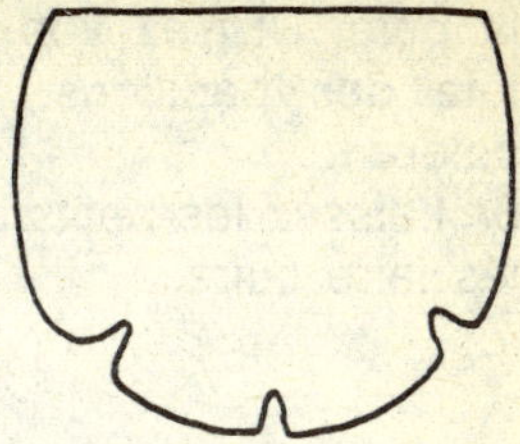

B

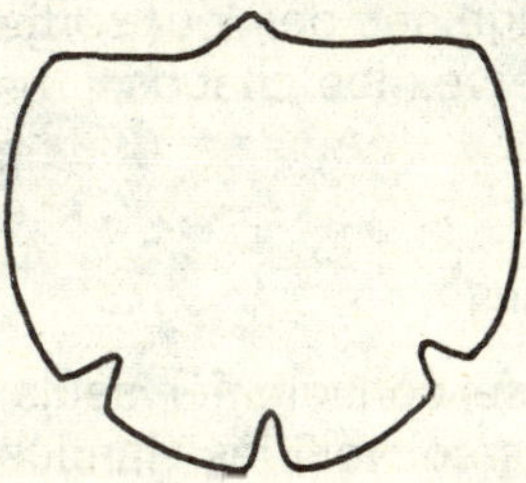

C

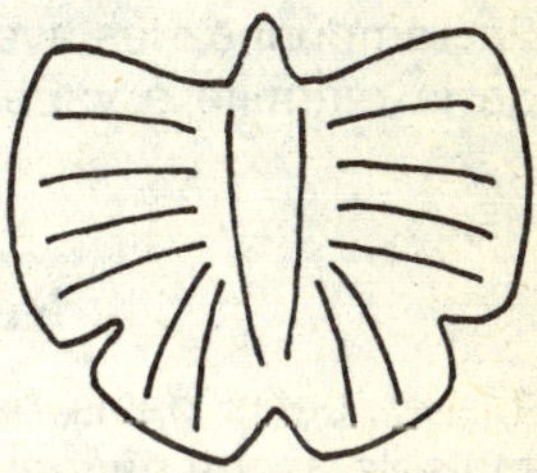

D

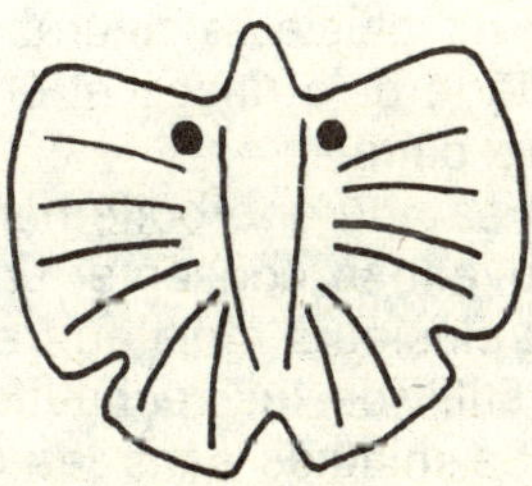

E

la pâte. Utilisez vos doigts pour faire ressortir la tête des papillons. Marquez les yeux avec du colorant.
8/ Laissez les petits pains reposer 30 mn avant de les faire cuire.

Cuisson

1/ Faites cuire les petits pains à la vapeur, sur grand feu, environ 16 mn *(voir procédé de cuisson p. 12).*
2/ Tamponnez-les avec un linge sec dès leur sortie de la marmite à vapeur et servez-les chauds.

Remarques

1/ Les petits pains peuvent se consommer seuls, mais ils accompagnent le plus souvent les viandes rôties et la Fondue chinoise *(Recette 91).* Le riz gluant cuit à la vapeur peut toujours remplacer les petits pains papillons dans tous ces usages. Laissez tremper le riz plusieurs heures (ou une nuit) dans de l'eau tiède puis rincez et égouttez-le bien avant de le faire cuire.
2/ Mis dans un sac ou une boîte hermétiques, ces petits pains peuvent se conserver une semaine au réfrigérateur ou plusieurs mois au freezer. Pour les consommer, il suffit de les réchauffer à la vapeur une quinzaine de minutes sans les décongeler au préalable.

76. Nouilles sautées aux crevettes

Pour 3 personnes. *Préparation* : 15 mn. *Cuisson* : 45 mn.

Ingrédients

300 g de nouilles chinoises (nouilles jaunes)
200 g de grosses crevettes (bouquets) décortiquées
1 oignon
100 g de champignons de couche frais
150 g de chou-fleur
5 branches d'épinards
Pour la sauce
1 cuillerée à soupe de fécule
2 cuillerées à soupe de sauce de soja
2 cuillerées à soupe de sauce tomate
1 cuillerée à soupe de vinaigre
1 cuillerée à café de sucre
1 gousse d'ail
1 pincée de poivre
1 verre de bouillon (ou eau)

Préparation

1/ Rincez les bouquets à l'eau froide puis ouvrez-les en papillons *(Recette 55)*.
2/ Émincez l'oignon. Découpez les champignons et le chou-fleur verticalement en lamelles.
3/ Écrasez puis hachez finement la gousse d'ail.

4/ Mélangez bien dans un bol tous les ingrédients de la sauce.

Cuisson

1/ Amenez 2 litres d'eau à ébullition dans une casserole. Faites-y cuire les nouilles environ 15 mn. Retirez-les ensuite, rincez immédiatement et égouttez bien.
2/ Faites chauffer 2 cuillerées à soupe d'huile d'arachide dans une poêle puis faites-y sauter les nouilles en les retournant constamment avec des baguettes ou une fourchette. La cuisson est terminée après 10 mn. Les nouilles doivent rester encore molles et souples.
3/ Dressez les nouilles dans un plat de service et gardez-les au chaud.
4/ D'autre part, faites chauffer 2 cuillerées à soupe d'huile d'arachide dans la poêle. Faites sauter les bouquets sur grand feu pendant 3 mn en remuant constamment avec une spatule.
5/ Incorporez ensuite les légumes et faites-les sauter 3 mn tout en remuant.
6/ Réglez alors à feu doux. Versez le bol de sauce dans la poêle et tournez le tout doucement jusqu'à ce que la sauce épaississe.
7/ Versez le contenu de la poêle sur les nouilles et servez aussitôt.

Remarques

1/ Vous pouvez remplacer les bouquets par des morceaux de seiche, des calmars ou des filets de

poisson. Vous pouvez aussi varier et combiner les légumes selon vos possibilités.
2/ On peut saupoudrer cette préparation de persil et/ou de ciboules hachés.

77. Crêpes mandarin

Pour 3 ou 4 personnes. *Préparation :* 40 mn. *Cuisson :* 30 mn.

Ingrédients

240 g de farine de blé tamisée
1 verre d'eau bouillante (1/5 de litre)
huile de sésame (ou huile de table)

Préparation

1/ Creusez un cratère dans la farine et versez-y graduellement le verre d'eau bouillante en mélangeant à l'aide d'une spatule.
2/ Sur une surface légèrement farinée, pétrissez la pâte ainsi obtenue pendant 10 mn jusqu'à ce qu'elle devienne souple et élastique.
3/ Recouvrez la pâte d'un linge légèrement humide puis laissez-la reposer 15 mn.
4/ Toujours sur une surface légèrement farinée, partagez la pâte en deux parties et faites-en deux rouleaux de 6 cm de diamètre.
5/ A l'aide d'un couteau que vous enduirez sou-

vent de farine, découpez les rouleaux de pâte en rondelles de 0,5 cm d'épaisseur.

6/ En utilisant un pinceau à pâtisserie, enduisez les rondelles sur une seule face d'une très légère couche d'huile de sésame.

7/ Disposez ensuite les rondelles deux par deux, l'une sur l'autre, à la façon des sandwiches, avec leur face huilée à l'intérieur.

8/ A l'aide d'un rouleau à pâtisserie, aplatissez les couples de rondelles en tournant votre instrument dans le sens des aiguilles d'une montre. Retournez les rondelles et travaillez-les encore jusqu'à ce qu'elles atteignent 15 cm de diamètre.

Cuisson

1/ Faites chauffer pendant 30 secondes une poêle à feu vif puis réglez à feu modéré *(voir Remarque 2)*.

2/ Faites cuire les rondelles dans la poêle, une à la fois, environ 1 mn chaque côté, jusqu'à ce qu'elles deviennent boursouflées et roussissent un peu.

3/ Dès que la cuisson d'une rondelle est terminée, séparez les deux crêpes qui la composent puis empilez-les dans une assiette. Les crêpes cuites en attente doivent toujours être recouvertes d'un linge très sec.

4/ Pour servir, pliez les crêpes en quatre.

Remarques

1/ Les crêpes mandarin sont délicieuses et faciles

à préparer. Elles servent principalement à accompagner les plats de viandes rôties, surtout le canard laqué *(Recette 20)*.

2/ Ne graissez pas la poêle mais il faut qu'elle soit bien traitée au préalable. Pour traiter une poêle neuve, enduisez-la d'une couche d'huile, faites-la chauffer à feu vif 1 mn puis essuyez-la soigneusement avec une serviette en papier. Répétez l'opération quatre ou cinq fois afin que le métal soit bien enduit d'huile.

3/ Si les crêpes cuites doivent attendre quelques heures, gardez-les enveloppées dans une feuille d'aluminium.

4/ Les crêpes mandarin peuvent se conserver dans un sac hermétique une semaine au réfrigérateur et plusieurs mois au freezer. Pour les réchauffer, il suffit de les placer pendant quelques minutes dans une marmite à vapeur ou dans le four réglé à 5. Il n'est pas nécessaire de les décongeler au préalable.

78. Petits pains farcis

Pour 4 personnes. *Préparation :* 1 h. *Cuisson :* 30 mn.

Ingrédients

de la pâte levée *(Recette 75)*
de la farce *(Recette 73)*

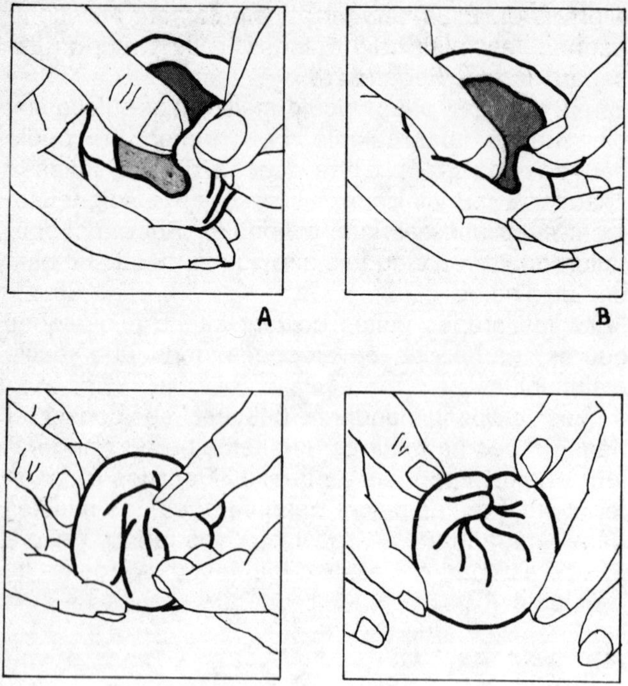

A B C D

Préparation

1/ Sur une surface légèrement farinée, étalez la pâte au rouleau en 1 ou 2 feuilles de 0,5 cm d'épaisseur.

2/ En utilisant un bol (ou un verre) de 10 cm environ de diamètre, découpez dans la pâte autant

de rondelles que possible. Refaçonnez les chutes de pâte pour faire d'autres rondelles.
3/ Déposez 2 cuillerées à soupe de farce au centre de chaque rondelle *(voir croquis)*.
4/ Ramenez les bords de la rondelle au-dessus de la farce, pincez puis tordez-les pour bien les souder.
5/ Laissez les petits pains reposer 30 mn avant de les faire cuire.

Cuisson

1/ Tapissez d'un linge humide le fond du panier d'une marmite à vapeur puis mettez dessus les petits pains en laissant un espace de 2 cm entre eux.
2/ Faites cuire à la vapeur pendant 20 mn à grand feu *(voir procédé de cuisson p. 12)*.
3/ Dès leur sortie, tamponnez les petits pains avec un linge sec. Servez chaud.

Remarques

1/ Pour plus de saveur, faites sauter la viande hachée et les crevettes 5 mn dans une poêle avant de les incorporer à la farce.
2/ Mis dans un sac ou une boîte hermétiques, les petits pains farcis peuvent se conserver une semaine au réfrigérateur ou plusieurs mois au freezer. Pour les consommer, il suffit de les

réchauffer à la vapeur une quinzaine de minutes sans les décongeler au préalable.

79. Rouleaux de crêpes mandarin

Pour 4 personnes. *Préparation :* 10 mn, si les crêpes sont prêtes. *Cuisson :* 10 mn.

Ingrédients

24 crêpes mandarin chaudes *(Recette 77)*
4 tranches de jambon cuit
200 g de crevettes décortiquées
1 mince omelette faite avec 2 œufs
1 grand poivron
1 carotte
2 ciboules (ou 1 poireau)
10 feuilles de laitue

Pour la sauce d'accompagnement
5 cuillerées à soupe de *ketchup* (ou, à défaut, de sauce tomate)
2 cuillerées à soupe de sauce de soja
1 cuillerée à soupe de sucre roux
1 gousse d'ail écrasée et hachée finement

Préparation

1/ Pliez les crêpes une à une en quatre.
2/ Découpez le jambon, l'omelette, le poivron, la

carotte et les ciboules en fines lamelles longues de 3 à 5 cm.
3/ Enlevez la côte des feuilles de laitue.

Cuisson

1/ Faites cuire les crevettes dans un peu d'eau ou faites-les sauter dans une poêle avec un peu d'huile.
2/ Faites chauffer 5 mn sur feu modéré les ingrédients de la sauce d'accompagnement en les mélangeant bien.
3/ Mettez sur la table les crêpes dans une assiette, la sauce dans un ravier et les autres ingrédients dans un grand plat.
4/ Pour déguster, chaque convive étalera une crêpe dans son assiette, l'enduira d'un peu de sauce, y mettra un peu de tous les ingrédients, puis roulera la crêpe en forme d'une andouillette et la portera à sa bouche avec ses doigts.

Remarques

1/ Ce plat est un plat de fête qu'il est amusant de déguster, surtout lorsqu'on est en bonne compagnie. Il rappelle le plat de Rouleaux de printemps vietnamiens avec cette différence que celui-ci se fait avec des galettes de riz séchées qui sont en vente partout en Occident (voir à ce sujet le précédent livre de l'auteur *La Cuisine vietnamienne et chinoise,* Éditions Marabout Service).

2/ Les ingrédients à envelopper dans les crêpes sont laissés à votre totale imagination et aux denrées que vous avez sous la main. Il est recommandé cependant d'avoir ces quatre sortes : viande cuite (jambon, volaille rôtie, porc rôti, etc.), produit de mer cuit (crevettes, crabe, filets de poisson, etc.), légumes frais (laitue, concombres, poivrons, carottes, etc.) et aromates (ciboules, oignons, persil, feuilles de menthe et d'origan, etc.).

3/ La sauce *hoisin* (en vente dans les épiceries asiatiques) est tout indiquée pour accompagner ce plat. Vous pouvez aussi utiliser de la sauce de soja ou du *nuoc mam* ; mais il faut dans ce cas donner à chaque convive un petit ravier contenant une de ces sauces pour qu'il puisse y tremper ses rouleaux avant de les manger.

80. Riz nappé

Pour 3 ou 4 personnes. *Préparation :* 30 mn. *Cuisson :* 45 mn.

Ingrédients

1 bol de riz à grain long *(Recette 71, Remarque 5)*
1 bol 1/2 d'eau
1 tranche de jambon fumé

2 cuisses (ou blancs) de poulet désossées
150 g de champignons frais
1 oignon
1 cuillerée à café de fécule
1 cuillerée à soupe de sauce de soja
1 cuillerée à café de vermouth blanc
sel
poivre

Préparation

1/ Préparez le riz comme indiqué dans la Recette 71, phases 1-2-3.
2/ Découpez le jambon et le poulet transversalement en lamelles.
3/ Hachez très sommairement champignons et oignon.
4/ Mélangez dans un bol le jambon, le poulet, la fécule et tous les assaisonnements.

Cuisson

1/ Faites cuire le riz comme nous l'indiquons dans la Recette 71, Phases 1-2-3-4.
2/ Étalez alors les champignons et les viandes assaisonnées en une couche sur le riz.
3/ Couvrez hermétiquement et laissez le tout cuire sur feu très doux 30 mn. Laissez le riz reposer 15 mn après la fin de la cuisson. Ne découvrez qu'au moment de servir.

Remarques

1/ Le Riz nappé, comme le Riz cantonnais, est un plat d'utilisation de restes et peut inclure n'importe quels ingrédients dont vous disposez à ce moment-là. Mais, à la différence du Riz cantonnais, le Riz nappé est cuit à l'eau et non frit, et s'accompagne d'ingrédients crus et non cuits ; ces ingrédients cuisent avec le riz.

2/ Il est recommandé d'ajouter au mélange quelques gouttes d'huile de sésame ou une cuillerée à café de sauce d'huître *(voir liste de produits chinois à la fin du livre)* ; la saveur du plat s'en trouvera accentuée.

3/ Au moment de servir, on peut avantageusement garnir ce plat de feuilles d'oignon hachées et/ou d'une fine omelette découpée en petites lamelles.

Chapitre

8

Les soupes

► *Les soupes chinoises sont très variées. Certaines sont épaisses, telles la Soupe aux ravioli, la Soupe aux nouilles ou la Soupe aux vermicelles, et peuvent constituer de véritables repas. D'autres sont claires et délicates, telles la Soupe au chou confit ou le Potage aux œufs, qu'on consomme entre deux plats ou vers la fin du repas, pour activer la digestion et maintenir l'appétit (soupes dites « digestives »).*

► *Il est toujours recommandé d'épaissir les soupes claires en y incorporant, en fin de cuisson un peu de fécule de pomme de terre ou de maïs délayée dans de l'eau.*

► *Tandis que les soupes épaisses peuvent être décorées avec une mince omelette découpée en fines lamelles, on décore les soupes claires avec des œufs légèrement battus. Versez lentement les œufs battus, en un mince filet, dans la soupe, en la remuant doucement, 1 ou 2 mn après l'incorporation de la fécule délayée.*

► *L'élément essentiel des soupes chinoises est le bouillon qui doit être totalement dégraissé et aussi clair que possible. Il est généralement fait à partir de viandes, d'os et surtout de carcasses de volailles ; son goût est relevé par l'addition de ciboules, échalotes, clous de girofle, anis étoilés et/ou du glutamate. A défaut de ce bouillon, vous pouvez utiliser un concentré de bouillon (Kub, Viandox, La Poule au Pot, etc.) ; mais n'ajoutez pas de sel à votre soupe avant de l'avoir goûtée, car les concentrés de bouillon sont en général très salés.*

► *Les soupes chinoises doivent toujours être servies très chaudes. Une soupière préchauffée est recommandée. Utilisez des bols au lieu d'assiettes creuses pour ralentir le refroidissement.*

81. Soupe aux ravioli chinois

Pour 4 personnes. *Préparation :* 1 h. *Cuisson :* 15 mn.

Ingrédients

40 carrés de pâte aux œufs de 8 cm de côté *(Recette 73, Remarque 5)*.
1 litre de bouillon
2 échalotes (ou quelques feuilles d'oignon)
2 cuillerées à soupe de sauce de soja

Pour la farce
200 g de porc maigre
50 g de crevettes décortiquées
1 oignon de taille moyenne (ou 100 g de feuilles d'épinards)
1 cuillerée à soupe de sauce de soja
1/2 cuillerée à café de sucre
sel
poivre
1 jaune d'œuf
1 cuillerée à café d'huile de sésame (facultatif)

Préparation

1/ Hachez finement le porc, et sommairement les crevettes et l'oignon.
2/ Mélangez intimement dans un bol tous les éléments de la farce.
3/ Étalez un carré de pâte sur la paume de votre main gauche (ill. A), déposez-y une cuillerée à café

A

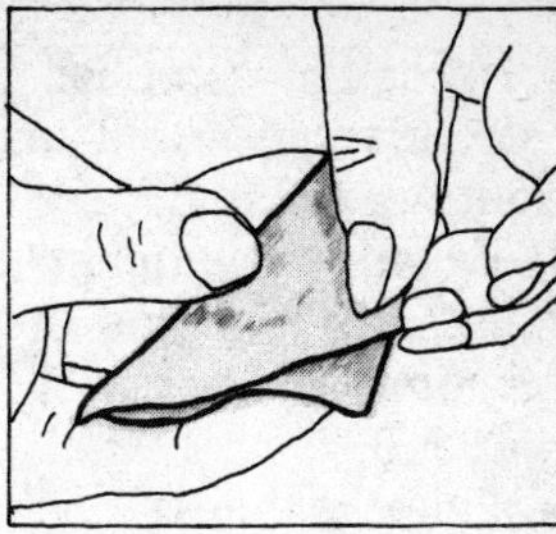

B

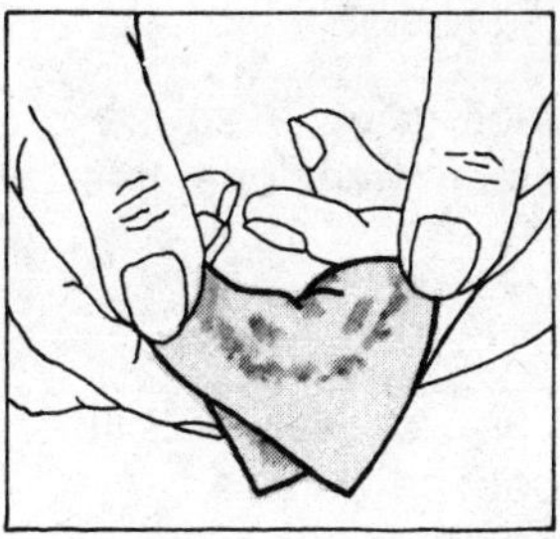

C

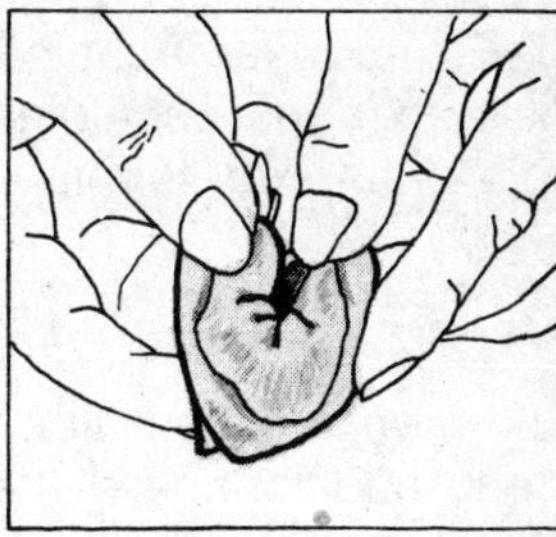

D

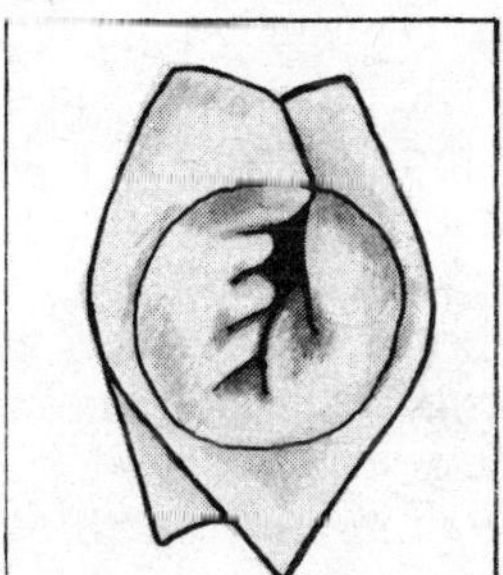

E

de farce, puis repliez le carré de façon à former deux triangles dont les sommets se chevauchent légèrement (ill. B).
4/ Faites chevaucher légèrement les coins inférieurs des triangles et pincez-les pour les souder intimement. Le ravioli aura donc la forme d'un chapeau.
5/ Faites d'autres ravioli jusqu'à épuisement de la farce. A mesure que vos ravioli sont confectionnés, recouvrez-les d'un linge humide.
6/ Émincez les échalotes.
7/ Mettez les échalotes émincées et la sauce de soja dans une soupière préalablement chauffée.

Cuisson

1/ Amenez à ébullition dans une casserole 2 litres d'eau additionnée d'une pincée de sel.
2/ Jetez graduellement les ravioli dans l'eau pour les faire cuire. L'eau doit rester constamment en état d'ébullition.
3/ Lorsque les ravioli montent à la surface de l'eau (après environ 8 mn), retirez-les à l'aide d'une écumoire, égouttez-les rapidement puis mettez-les dans la soupière.
4/ D'autre part, portez le bouillon à ébullition dans une autre casserole, puis versez-le dans la soupière. Servez aussitôt.

Remarques

1/ On peut utiliser, pour faire la farce, du porc, du

bœuf, du poulet, des crevettes, du crabe et/ou des filets de poisson, etc.

2/ On peut aussi garnir cette soupe de persil haché, d'omelette mince découpée en fines lamelles et/ou de foie de porc ou de volaille cuit découpé en fines tranches, etc.

3/ Les ravioli chinois cuits à l'eau peuvent se conserver plusieurs jours au réfrigérateur et plusieurs mois au freezer. Pour les utiliser, faites-les cuire de nouveau à l'eau sans les décongeler au préalable.

4/ Chaque convive assaisonnera la soupe à sa guise, en ajoutant dans son bol sauce de soja ou *nuoc mam*, purée de piment, jus de citron et/ou ail émincé, etc.

5/ Au lieu d'utiliser des ravioli pour faire une soupe, on peut les faire frire à grande friture puis les égoutter soigneusement sur du papier absorbant. Les ravioli chinois frits, servis avec la sauce aigre-douce *(pour la sauce, Recette 2)*, constituent un excellent amuse-gueule ou hors-d'œuvre.

82. Soupe pékinoise

Pour 3 personnes. *Préparation :* 10 mn, à part le trempage des champignons. *Cuisson :* 10 mn.

Ingrédients

1 tranche de jambon de Bayonne (environ 100 g)
2 œufs

100 g de pousses de bambou (ou germes de soja)
3 champignons parfumés de taille moyenne
1 litre de bouillon
1 cuillerée à café de sel
1 cuillerée à soupe de sauce de soja
1/4 de cuillerée à café de poivre noir (ou purée de piment)
2 cuillerées à soupe de vinaigre blanc (vinaigre d'alcool)
1 cuillerée à café d'huile de sésame (facultatif)
2 cuillerées à soupe de fécule

Préparation

1/ Laissez tremper les champignons 30 mn dans de l'eau tiède, puis essorez-les.
2/ Découpez le jambon, les pousses de bambou et les champignons en fines lamelles.
3/ Battez légèrement les œufs dans un bol.
4/ Mélangez la fécule à 3 cuillerées à soupe d'eau froide.

Cuisson

1/ Portez le bouillon à ébullition dans une casserole.
2/ Ajoutez le jambon, les pousses de bambou, les champignons, le sel et la sauce de soja.
3/ En maintenant le feu modéré, ajoutez ensuite le poivre et le vinaigre.

4/ Incorporez graduellement la fécule délayée en tournant doucement la soupe avec une spatule.
5/ Après 2 mn, lorsque les ingrédients sont bien liés, versez très lentement les œufs battus, tout en tournant doucement la soupe.
6/ Ajoutez l'huile de sésame, remuez la soupe encore quelques secondes. Servez immédiatement.

Remarques

1/ Cette soupe est aussi appelée Soupe aigre-piquante. Vous pouvez la confectionner avec n'importe quels ingrédients que vous avez sous la main. Six éléments sont pourtant indispensables : bouillon, viande (jambon, poulet, porc rôti, etc.), vinaigre, poivre et/ou piment, œufs et fécule. Pour être délicieuse, la soupe doit avoir le goût à la fois aigre et piquant très prononcé.
2/ On peut garnir cette soupe de persil et/ou de ciboules hachés.

83. Velouté de maïs

Pour 3 personnes. *Préparation* : 20 mn. *Cuisson* : 12 mn.

Ingrédients

1 tranche de jambon de Bayonne (100 g environ)
100 g dc blanc de poulet

3 blancs d'œufs
1 boîte de maïs doux en grains (environ 250 g)
1 litre de bouillon
1 cuillerée à café de sel
4 cuillerées à soupe de fécule
2 cuillerées à soupe de lait frais

Préparation

1/ Hachez finement le jambon.
2/ Découpez le poulet « contre le grain » en très fines lamelles.
3/ Délayez la fécule dans 8 cuillerées à soupe de bouillon.
4/ Battez les blancs d'œufs et le lait jusqu'à obtention d'une mousse un peu épaisse (ne les battez pas en neige).

Cuisson

1/ Amenez le bouillon à ébullition dans une casserole.
2/ Ajoutez le maïs et le sel. Remuez continuellement avec une spatule.
3/ Lorsque l'ébullition reprend, ajoutez le poulet puis versez lentement la fécule dans la casserole. Continuez à tourner doucement la soupe pendant environ 5 mn, jusqu'à ce qu'elle épaississe.
4/ Incorporez les blancs d'œufs et tournez la soupe encore une fois.
5/ Versez la préparation dans une soupière chaude

ou dans des bols individuels. Saupoudrez de jambon haché et servez aussitôt.

84. Soupe au chou confit

Pour 3 personnes. *Préparation :* 15 mn, sans compter le trempage de 30 mn. *Cuisson :* 12 mn.

Ingrédients

100 g de porc maigre
3 champignons parfumés
10 haricots mange-tout très tendres
50 g de chou chinois confit au vinaigre (en boîte)
1 litre de bouillon
sel
poivre
10 gouttes d'huile de sésame (facultatif)

Préparation

1/ Découpez le porc « contre le grain » en fines lamelles.
2/ Découpez les haricots en deux dans le sens de la longueur.
3/ Laissez tremper les champignons parfumés 30 mn dans de l'eau tiède, puis essorez-les bien.
4/ Découpez les champignons et le chou en lamelles.

Cuisson

1/ Dans une casserole, amenez le bouillon à ébullition à grand feu.
2/ Dès que le bouillon bout, réglez à feu modéré. Ajoutez dans la casserole le porc et les haricots, et laissez cuire à découvert pendant 5 mn.
3/ Incorporez ensuite les champignons, le chou, le sel et le poivre.
4/ Attendez encore 3 mn, puis ajoutez l'huile de sésame. Retirez du feu et servez immédiatement.

Remarques

1/ On peut substituer aux champignons parfumés trois gros champignons de Paris entiers en conserve. Ils seront découpés verticalement en minces lamelles.
2/ A défaut de chou chinois confit, qui est en vente dans toutes les épiceries asiatiques, utilisez des cornichons au vinaigre que vous découperez en minces lamelles. Ajoutez alors une cuillerée à café de sucre.
3/ On peut remplacer le porc maigre par une tranche de jambon fumé ou du faux-filet de bœuf.
4/ Un petit tubercule de gingembre, haché finement puis pilé (ou écrasé), donnerait à cette soupe « digestive » une saveur incomparable.

85. Soupe aux germes de soja

Pour 3 personnes. *Préparation* : 15 mn. *Cuisson* : 20 mn.

Ingrédients

200 g de germes de soja
100 g de côte de porc parée
1 litre de bouillon
1 cuillerée à soupe de vermouth (ou porto) blanc
2 échalotes (ou 1 ciboule)
sel
poivre
1 petit tubercule de gingembre frais (facultatif)

Préparation

1/ Rincez et égouttez bien les germes de soja.
2/ Découpez le porc transversalement en fines lamelles.
3/ Hachez sommairement le gingembre.

Cuisson

1/ Mettez dans une casserole le porc, les échalotes, le gingembre et le bouillon, et portez à ébullition à grand feu.
2/ Réglez ensuite à feu modéré, ajoutez le vermouth et laissez cuire 10 mn. Écumez.
3/ Incorporez le sel, le poivre et les germes de soja. La cuisson dure encore 5 mn.

Remarques

1/ On peut substituer aux germes de soja des concombres, haricots mange-tout ou pousses de bambou. Découpez-les en fines lamelles.
2/ On peut aussi remplacer le porc par 100 g de blanc (ou cuisse) de poulet, et le gingembre frais par du gingembre en poudre.

86. Soupe de poisson

Pour 3 personnes. *Préparation :* 10 mn, à part le marinage de 30 mn. *Cuisson :* 20 mn.

Ingrédients

200 g de filets de poisson frais (cabillaud, bar, merlan, sole, etc.)
1 ciboule (ou 2 échalotes)
100 g de feuilles de cresson de fontaine (ou épinards)
1 œuf
1 cuillerée à soupe de fécule
1 petite tranche de jambon fumé (facultatif)
2 cuillerées à soupe de vermouth (ou porto) blanc
sel
poivre
1 litre de bouillon

Préparation

1/ Découpez le poisson en morceaux gros comme vos petits doigts.
2/ Hachez grossièrement la ciboule et le jambon.
3/ Mélangez dans un bol le poisson, la ciboule, le vermouth, le sel et le poivre. Laissez mariner environ 30 mn. Retournez de temps en temps.
4/ Battez légèrement l'œuf.
5/ Délayez la fécule dans 3 cuillerées à soupe d'eau.

Cuisson

1/ Faites dorer le poisson mariné dans une poêle avec 1 cuillerée à soupe de saindoux (ou huile d'arachide). Laissez en attente.
2/ Portez le bouillon à ébullition dans une casserole.
3/ Réglez à feu modéré, ajoutez les feuilles de cresson.
4/ Ajoutez tout de suite la fécule délayée en la versant lentement et en tournant continuellement la soupe avec une spatule.
5/ Incorporez progressivement l'œuf battu.
6/ Enfin, ajoutez le poisson, remuez le tout 1 mn, et servez immédiatement. Parsemez de jambon haché.

87. Soupe aux nouilles

Pour 4 personnes. *Préparation :* 15 mn, à part le temps de marinage. *Cuisson :* 20 mn.

Ingrédients

200 g de nouilles de riz séchées *(voir liste de produits chinois à la fin du livre)*
150 g de filet de bœuf soigneusement paré
2 échalotes (ou quelques feuilles d'oignon)
1 litre de bouillon
4 cuillerées à soupe de sauce de soja
1 cuillerée à café de jus de citron
sel
poivre
huile de sésame (facultatif)

Préparation

1/ Découpez le bœuf « contre le grain » en lamelles aussi minces que possible.
2/ Émincez les échalotes.
3/ Mélangez dans un bol tous les ingrédients (sauf les nouilles et le bouillon) et laissez mariner au moins 1 heure mais pas plus de 3 heures. Retournez de temps en temps.

Cuisson

1/ Portez à ébullition 2 litres d'eau dans une grande casserole. Mettez-y ensuite les nouilles

séchées et laissez cuire 5 à 8 mn selon la marque. L'eau doit toujours rester en ébullition. Il faut se garder de trop faire cuire les nouilles.
2/ Pendant ce temps, portez aussi à ébullition le bouillon dans une autre casserole.
3/ Dès que les nouilles sont cuites à point, retirez et égouttez-les dans une grande passoire puis répartissez-les rapidement dans les bols des convives.
4/ Tout en maintenant le bouillon en état d'ébullition, partagez la viande marinée crue en quatre portions et disposez-la sur les nouilles.
5/ Versez le bouillon brûlant sur les nouilles et servez immédiatement. Chaque bol doit avoir 1 volume d'ingrédients solides et 2 volumes de bouillon.

Remarques

1/ Les nouilles ainsi que le bouillon doivent être très chauds, sinon le plat perdrait beaucoup de sa saveur. Si les nouilles cuites se sont refroidies, au moment de servir, arrosez-les copieusement d'eau bouillante, puis égouttez-les rapidement avant de les mettre dans les bols.
2/ A défaut de nouilles de riz, vous pouvez utiliser des nouilles chinoises (nouilles jaunes).
3/ On a souvent l'habitude de garnir ce plat de persil et/ou de feuilles d'oignon hachés. On l'accompagne aussi de feuilles de menthe fraîches et/ou de lambeaux de feuilles de laitue.
4/ Les convives peuvent assaisonner leur bol de

soupe comme il leur plaît, en ajoutant *nuoc mam*, purée de piment ou ail émincé, etc.
5/ On peut substituer au bœuf cru du poulet cuit, du porc rôti, du crabe, du jambon de Bayonne et/ou des crevettes cuites. Mais le bœuf cru donne la meilleure saveur, surtout si vous utilisez des nouilles de riz.
6/ Si vous pouvez vous procurer du *nuoc mam* (sauce de poisson vietnamienne), je vous conseille vivement d'en utiliser pour mariner la viande au lieu de la sauce de soja. La saveur de la soupe en sera rehaussée.
7/ On trouve ce plat dans tous les restaurants chinois et vietnamiens en Occident. Mais votre préparation sera bien meilleure car, dans les restaurants, on n'a pas toujours le temps de mariner la viande, et la soupe est souvent servie quelque peu refroidie.

88. Soupe aux vermicelles

Pour 3 personnes. *Préparation :* 15 mn, à part le trempage de 30 mn. *Cuisson :* 15 mn.

Ingrédients

100 g de vermicelles de soja *(voir liste de produits chinois)*
1 blanc (ou cuisse) de poulet désossé

1 ciboule (ou 2 échalotes ou quelques feuilles d'oignon)
1 tranche de jambon de Bayonne
12 haricots mange-tout (ou 100 g de pousses de bambou)
3 champignons parfumés de taille moyenne
1 litre de bouillon
1 cuillerée à soupe de sauce de soja
poivre

Préparation

1/ Faites blanchir les vermicelles 3 mn dans de l'eau bouillante, puis rincez-les immédiatement et abondamment à l'eau froide. Égouttez et laissez en attente.
2/ Découpez le poulet « contre le grain » en fines lamelles.
3/ Découpez aussi le jambon, les haricots et les champignons en fines lamelles. Il faut, avant le découpage, tremper les champignons 30 mn dans de l'eau tiède puis les essorer.
4/ Émincez la ciboule.

Cuisson

1/ Amenez le bouillon à ébullition dans une casserole.
2/ Ajoutez ensuite le poulet, le jambon, les haricots et les champignons. Laissez cuire 5 mn à feu modéré.

3/ Incorporez la ciboule et les assaisonnements puis les vermicelles. Laissez cuire à couvert encore 5 mn. Servez très chaud.

Remarques

1/ A défaut de vermicelles de soja, qui sont extrêmement digestibles et nourrissants, vous pouvez utiliser des vermicelles de riz ou de blé.
2/ Chaque convive assaisonnera la soupe à sa guise, en ajoutant sauce de soja ou *nuoc mam*, purée de piment, huile de sésame, jus de citron et/ou ail émincé, etc.
3/ On peut remplacer les champignons parfumés par des champignons de Paris en conserve. S'ils sont entiers, découpez-les en minces lamelles.
4/ Si vous trouvez que la soupe n'est pas assez salée à votre goût, n'ajoutez pas de sel, mais plutôt de la sauce de soja ou, mieux, du *nuoc mam*.
5/ On peut substituer du steak de bœuf ou du porc maigre au poulet. La viande doit toujours être découpée transversalement en fines lamelles.
6/ On peut aussi ajouter quelques petites crevettes décortiquées.
7/ Si vos convives savent manger avec des baguettes, faites comme les Chinois en laissant les interminables vermicelles intacts ; ce sera plus amusant. Dans le cas contraire, découpez les vermicelles en tronçons de 5 cm après les avoir blanchis et égouttés.

89. Soupe aux palourdes

Pour 3 personnes. *Préparation :* 10 mn, à part le trempage des champignons. *Cuisson :* 10 mn.

Ingrédients

12 paloudes (chair seulement)
12 haricots mange-tout très tendres
1 ciboule (ou 2 échalotes ou quelques feuilles d'oignon)
3 champignons parfumé.
1 litre de bouillon
1 cuillerée à soupe de vermouth (ou porto) blanc
sel
poivre
10 gouttes d'huile de sésame (facultatif)

Préparation

1/ Découpez les haricots en deux dans le sens de la longueur.
2/ Émincez la ciboule.
3/ Laissez tremper les champignons 30 mn dans de l'eau tiède puis essorez bien et découpez-les en fines lamelles.

Cuisson

1/ Portez le bouillon à ébullition dans une casserole.

2/ Ajoutez les haricots, les champignons, le sel et le poivre et laissez cuire à découvert à feu modéré pendant 3 mn.

3/ Incorporez les palourdes, la ciboule, le vermouth et l'huile de sésame. Remuez légèrement avec une spatule ou une cuiller. Après 1 mn, retirez du feu. Servez aussitôt.

90. Potage aux œufs

Pour 4 personnes. *Préparation :* 5 mn. *Cuisson :* 10 mn.

Ingrédients

4 œufs
1 ciboule (ou 2 échalotes ou quelques feuilles d'oignon)
1 cuillerée à soupe de fécule
1 cuillerée à café de sucre
1 cuillerée à soupe de sauce de soja
1 litre de bouillon
1 cuillerée à soupe de vermouth (ou porto) blanc
sel
poivre
10 gouttes d'huile de sésame (facultatif)

Préparation

1/ Battez les œufs dans un bol avec 1 cuillerée à soupe d'eau.

2/ Délayez la fécule dans 3 cuillerées à soupe d'eau.
3/ Hachez finement la ciboule.

Cuisson

1/ Dans une casserole, portez le bouillon à ébullition à grand feu.
2/ Dès que le bouillon bout, réglez à feu modéré. Ajoutez le sucre, le sel, le poivre, le vermouth et la sauce de soja.
3/ Incorporez progressivement la fécule délayée en tournant la soupe doucement et continuellement avec une spatule ou une cuiller.
4/ Lorsque la soupe a épaissi et pris une couleur claire, versez-y les œufs très lentement, en un mince filet, tout en tournant doucement 2 mn.
5/ Ajoutez l'huile de sésame, retirez du feu et servez immédiatement. Parsemez la soupe de ciboule hachée.

Remarques

1/ Vous pouvez pocher les œufs dans la soupe même. Au moment de servir, piquez les œufs avec une fourchette ou une baguette pour faire couler les jaunes. Mélangez rapidement. Vous pouvez aussi laisser aux convives le soin de piquer eux-mêmes leur propre œuf dans leur bol.
2/ Pour plus de consistance, vous pouvez ajou-

ter à la soupe quelques fines lamelles de jambon fumé, de porc rôti et/ou quelques feuilles d'épinards blanchies ou de cresson de fontaine.

91. Fondue chinoise

Pour 8 personnes. *Préparation :* 1 h. La cuisson se fait à table.

Ingrédients

300 g de grosses crevettes *(Remarque 1)*
300 g de foie de veau
300 g de contre-filet de bœuf
300 g de rognons de porc
300 g de blanc (ou cuisse) de poulet
300 g de filets de poisson
8 œufs
4 écheveaux de nouilles chinoises (ou 200 g de vermicelles de soja)
4 ciboules (ou 2 poireaux ou 8 échalotes)
300 g de feuilles d'épinards
300 g de feuilles de cresson de fontaine
1 petite laitue
persil
sauce de soja et/ou *nuoc mam*
sel, poivre, moutarde, piment, jus de citron ou vinaigre, etc.
4 litres de bouillon (ou eau)

Préparation

1/ Décortiquez les crevettes. Rincez et égouttez.
2/ Découpez le foie de veau, le bœuf et les rognons de porc en très fines tranches.
3/ Découpez transversalement le blanc de poulet et les filets de poisson en lamelles.
4/ Laissez tremper les nouilles 15 mn dans de l'eau tiède, puis rincez et égouttez-les. Arrosez-les ensuite d'une cuillerée à soupe d'huile.
5/ Émincez les ciboules.
6/ Déchirez les feuilles de laitue en lambeaux.
7/ Arrangez tous les ingrédients de façon décorative dans différentes assiettes et les condiments dans différents raviers.

Cuisson et dégustation

1/ Installez au milieu de la table un réchaud à fondue, ou un réchaud électrique ou à gaz *(voir Remarque 5)*.
2/ Mettez une grande casserole contenant la moitié du bouillon sur le réchaud et portez à ébullition. Le bouillon doit rester en état d'ébullition pendant tout le repas. Ajoutez-en dans la casserole à mesure que le niveau du liquide baisse.
3/ Disposez autour du réchaud toutes les assiettes et tous les raviers.
4/ Distribuez à chaque convive un bol, une fourchette à fondue (ou à manche isolant), une cuiller et une paire de baguettes (ou une fourchette).
5/ Pour déguster, chaque convive, à l'aide de sa

fourchette à fondue, prendra 1 ou 2 morceaux de n'importe quel mets, les trempera dans le bouillon pour les faire cuire le temps qui lui convient, les retirera et les mettra dans son bol, y versera le condiment qui lui plaît, puis les consommera à l'aide de ses baguettes (ou de sa fourchette). Il mangera la laitue et le persil avec ses doigts. Il pourra, de temps à autre, mettre un peu de bouillon dans son bol et le boire.

6/ Vers la fin du repas, la maîtresse de maison de préférence mettra toutes les nouilles dans le bouillon et les laissera cuire 20 mn environ.

7/ Lorsque les nouilles seront cuites, chaque convive en mettra une partie dans son bol, l'arrosera de bouillon et les mangera.

8/ A la fin du repas, les convives pocheront les œufs dans la casserole, se partageront le reste du bouillon enrichi par la cuisson de tous les mets et le boiront après l'avoir assaisonné à leur goût.

Remarques

1/ Dans cette recette, les ingrédients ne sont donnés qu'à titre indicatif. Vous êtes absolument libre d'offrir toutes les denrées dont vous disposez pourvu qu'elles soient crues et fraîches. Il n'y a rien d'anormal si le poisson côtoie le bœuf ou si les fruits de mer coexistent avec le poulet. Cinq sortes d'ingrédients sont cependant considérés comme indispensables : bœuf, abats de porc ou de volaille, produit de mer, œufs et légumes.

2/ Il n'y a non plus aucune limitation du nombre de sauces ou de condiments à mettre sur la table.
3/ On a l'habitude d'accompagner ce plat de Petits Pains papillons *(Recette 75)* ou de Crêpes mandarin *(Recette 77)*.
4/ Ce plat est facile à réaliser, d'autant plus que tous les ingrédients peuvent se préparer plusieurs heures à l'avance ou même la veille. Il est toujours une occasion de réunion agréable à condition, bien entendu, qu'il soit consommé selon la tradition, c'est-à-dire avec beaucoup de lenteur et en toute décontraction.
5/ On peut trouver dans les magasins de produits asiatiques un ustensile spécialement conçu pour la fondue chinoise. C'est une sorte de pot à feu, appelé parfois *hibachi*, ayant un récipient en forme de moule à savarin traversé par un cylindre de chauffage. Celui-ci est prolongé d'une cheminée. Le couvercle, qui doit coiffer le récipient, a la forme d'une couronne *(voir croquis)*. On peut chauffer le pot à feu au charbon ou à l'alcool.

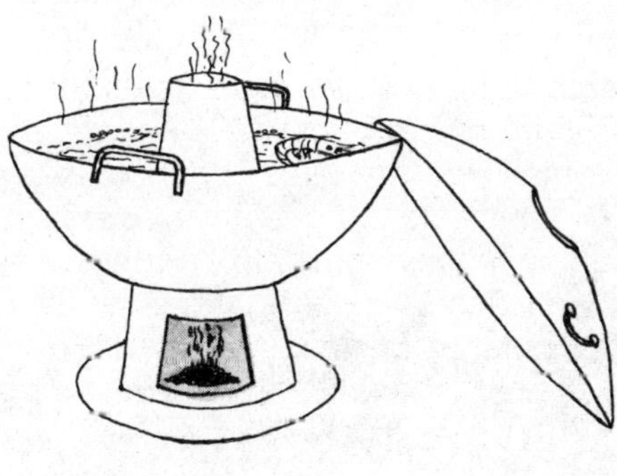

Chapitre

9

Les desserts

► *Les recettes chinoises sucrées sont relativement rares, car les Chinois ne s'intéressent guère aux pâtisseries et aux confiseries. Alors que ce phénomène est dû à diverses causes, il renforce l'idée des diététiciens que la cuisine chinoise est la mieux équilibrée et la plus sage du monde. Que les Occidentaux cessent leur surconsommation de sucre, et leurs problèmes d'embonpoint et autres troubles fonctionnels se trouveront en grande partie résolus !*

► *Le goût sucré des friandises chinoises doit être très modéré, voire fugitif. La crème fait rarement partie des ingrédients et on ne l'utilise que parcimonieusement. Vous trouverez peut-être les mets sucrés chinois un peu fades au début, mais l'habitude vous apprendra à en apprécier la délicate saveur et les qualités diététiques.*

► *Qu'elles soient servies au repas ou plus souvent comme collations, les friandises chinoises s'accompagnent généralement de thé. Ici encore, les Chinois font preuve de sagesse : ils boivent leur thé* nature — *sans sucre, sans lait, sans citron. Essayez de faire comme eux et vous serez surpris de voir que l'âcreté du thé s'allie merveilleusement à la saveur des gâteaux.*

▶ *Les parfums habituels des desserts chinois sont l'extrait d'amande et l'essence de banane qui sont d'une saveur exquise. A défaut, vous pouvez utiliser le kirsch ou autres parfums qui vous sont familiers (vanille, cannelle, café, chocolat, etc.).*

92. Gâteau éponge

Pour 4 personnes. *Préparation* : 20 mn. *Cuisson* : 30 mn.

Ingrédients

230 g de farine tamisée
200 g de sucre semoule
6 œufs
3 cuillerées à soupe de lait frais
10 g de levure chimique (levure d'Alsace)
1 cuillerée à soupe de saindoux (ou beurre)
1 cuillerée à café d'extrait de vanille (et/ou d'amande)

Préparation

1/ Cassez les œufs en séparant les blancs des jaunes.
2/ Battez les blancs d'œufs en neige dans un grand saladier.
3/ Ajoutez lentement et successivement tous les autres ingrédients, y compris les jaunes d'œufs, en battant continuellement, jusqu'à obtention d'une pâte bien lisse et homogène.
4/ Tapissez d'une feuille de papier aluminium (ou de papier huilé) le fond d'un plat à marmite à vapeur.
5/ Versez la pâte dans le plat et secouez-le plusieurs fois pour faire disparaître les bulles d'air dans la pâte.

Cuisson

1/ Faites cuire le gâteau à la vapeur environ 30 mn *(voir procédé de cuisson p. 12)*. En fin de cuisson, le gâteau doit avoir l'apparence et la texture d'une éponge.
2/ Démoulez le gâteau sur un linge sec, laissez-le refroidir un peu puis découpez-le en carrés de 5 cm de côté. Servez froid ou, de préférence, tiède.

Remarques

1/ Voici un gâteau qui est bon et qui vous fait prendre le minimum de calories. Ne mettez pas plus de sucre que la quantité indiquée ; si possible, diminuez-la.
2/ La farine de riz est tout indiquée pour cette recette. A défaut, utilisez de la farine de blé ordinaire.
3/ L'utilisation d'un mixer électrique est recommandée.
4/ On peut réchauffer ce gâteau plusieurs fois à la vapeur.

---

93. Pudding aux huit trésors

Pour 6 personnes. *Préparation* : 1 h. *Cuisson* : 45 mn

Ingrédients

1 bol de riz gluant *(Remarque 1)*

100 g de sucre
1 bol de noix et de fruits confits
2 cuillerées à soupe de saindoux (ou beurre)

Préparation

1/ Faites blanchir puis émondez les noix.
2/ Coupez les fruits confits en petits morceaux.
3/ Lavez le riz puis mettez-le dans une casserole avec 2 bols d'eau. Portez à ébullition sur grand feu.
4/ Réglez ensuite à feu modéré, retournez le riz 1 fois avec une spatule, puis couvrez et laissez cuire environ 20 mn.
5/ Ajoutez le sucre et le saindoux, mélangez bien puis recouvrez et laissez cuire encore jusqu'à ce que l'eau soit complètement absorbée. Vous avez maintenant une pâte.
6/ Pendant ce temps, huilez généreusement le fond et les parois d'un grand récipient en pyrex (par exemple, un moule à soufflé ou à charlotte). Disposez dans le fond une grande partie des noix et des fruits confits en un motif décoratif de votre choix.
7/ Versez alors tout le riz en veillant à ne pas défaire le motif. Étalez le reste des noix et des fruits en une couche uniforme.

Cuisson

1/ Faites cuire le pudding à la vapeur 30 à 45 mn *(voir le procédé de cuisson p. 12).*

2/ Retirez le récipient et mettez dessus une grande assiette. D'un mouvement vif et rapide, retournez le récipient et démoulez le pudding dans l'assiette. Servez chaud ou froid.

Remarques

1/ Cette préparation s'appelle Pudding aux huit trésors, car elle se compose traditionnellement de riz gluant, de trois sortes de noix et de quatre sortes de fruits confits ou séchés. A défaut de riz gluant, utilisez du riz ordinaire que vous laverez très rapidement pour lui permettre d'être assez collant après la cuisson ; la quantité d'eau sera de un à un bol et demi. Les noix peuvent être des noix de Grenoble ou d'acajou ; à défaut utilisez amandes, cacahuètes, noix de ginkgo, marrons, graines de lotus, etc. ; les fruits confits ou séchés peuvent inclure dattes, raisins, prunes, cerises, écorces d'orange, gingembre confit, etc.

2/ Traditionnellement, on consomme ce pudding tel quel ou arrosé d'un peu de sirop ; mais on peut aussi le flamber avec du Mei Kuei Lu, une des meilleures liqueurs chinoises, qu'on trouve dans les épiceries asiatiques et certaines épiceries fines.

3/ On peut réchauffer ce pudding plusieurs fois à la vapeur.

94. Poussière de Pékin

Pour 4 personnes. *Préparation :* 1 h 30, y compris 45 mn de cuisson des marrons.

Ingrédients

500 g de marrons frais
100 g de sucre semoule
2 cuillerées à soupe de sucre roux
1/4 de litre de crème fraîche
1 cuillerée à café d'extrait d'amande (ou de vanille)
1 pincée de sel
12 cerises au sirop

Préparation

1/ A l'aide d'un couteau aiguisé, faites deux incisions perpendiculaires sur le côté plat des marrons.
2/ Mettez les marrons dans une casserole, recouvrez-les d'eau et faites-les cuire environ 45 mn. Décortiquez-les ensuite et laissez-les égoutter entièrement. Essuyez-les avec une serviette sèche.
3/ Passez les marrons à la moulinette pour obtenir une purée de la consistance du sucre cristallisé.
4/ Mélangez intimement dans un saladier la purée de marrons avec le sel et le sucre semoule. Dressez ensuite le mélange en une pyramide dans une grande assiette.

5/ Dans un saladier, versez l'extrait d'amande et le sucre roux ainsi que la crème ; battez vigoureusement, jusqu'à obtention d'une mousse lisse et homogène.
6/ Versez la crème fouettée sur la pyramide, de façon à la recouvrir entièrement sans la défaire.
7/ Disposez les cerises en couronne à la base de la pyramide et servez.

Remarques

1/ A défaut de marrons frais, vous pouvez utiliser des marrons en conserve au naturel.
2/ Il est recommandé d'utiliser un batteur électrique pour fouetter la crème.
3/ On peut remplacer les cerises par des fruits confits et/ou du gingembre confit découpé en menus morceaux.

95. Sablés aux amandes

Pour 6 personnes. *Préparation :* 45 mn. *Cuisson :* 15 mn.

Ingrédients

2 œufs
60 amandes entières
300 g de farine
1 verre (1/5 de litre) de saindoux

200 g de sucre
1/4 de cuillerée à café de sel
10 g de levure chimique (levure d'Alsace)
1 cuillerée à café d'extrait d'amande
quelques gouttes de colorant jaune (facultatif)

Préparation

1/ Faites blanchir, puis émondez les amandes.
2/ Battez dans un saladier le sucre et le saindoux, jusqu'à obtention d'une crème mousseuse. Ajoutez un œuf, le sel, l'extrait d'amande et le colorant. Battez encore quelques instants.
3/ Incorporez graduellement la farine et la levure en mélangeant à l'aide d'une cuiller pour obtenir une pâte.
4/ Pétrissez la pâte, en ajoutant un peu d'eau au besoin, jusqu'à ce qu'elle devienne ferme et élastique.
5/ Façonnez la pâte en un ou deux rouleaux de 4 cm de diamètre.
6/ A l'aide d'un couteau aiguisé que vous farinerez légèrement de temps à autre, découpez les rouleaux de pâte en rondelles de 0,5 cm d'épaisseur.
7/ Mettez une amande entière au centre de chaque rondelle et pressez-la pour l'enfoncer à moitié dans la pâte.
8/ Battez légèrement le deuxième œuf dans un bol. En utilisant un pinceau à pâtisserie, enduisez la face supérieure des rondelles (côté des amandes) d'une légère couche d'œuf battu.

9/ Enduisez une ou plusieurs plaques à pâtisserie d'une légère couche d'huile d'arachide, puis déposez-y les rondelles en laissant un espace d'1 cm entre elles.

Cuisson

1/ Préchauffez le four à 5 pendant 15 mn.
2/ Mettez les rondelles à cuire. Les sablés seront prêts quand ils seront brun doré (environ 15 mn de cuisson).

Remarques

1/ On peut remplacer le saindoux par du beurre.
2/ Les sablés, enveloppés dans un papier aluminium, peuvent se conserver plusieurs mois au freezer. Pour les utiliser, il suffit de les réchauffer au four sans les décongeler au préalable.
3/ Ce dessert est servi dans tous les restaurants chinois et vietnamiens en Occident.

96. Gelée aux amandes

Pour 6 personnes. *Préparation :* 30 mn. Sans cuisson.

Ingrédients

2 cuillerées à soupe (ou 4 feuilles) de gélatine non parfumée

5 cuillerées à soupe de lait concentré non sucré
1 cuillerée à soupe d'extrait d'amande

Pour le sirop
3 verres d'eau (6 dl)
150 g de sucre

Pour la garniture
1 verre de cocktail de fruits

Préparation

1/ Laissez tremper la gélatine quelques minutes avec 3 cuillerées à soupe d'eau froide dans un saladier.
2/ Portez à ébullition 3/4 de litre d'eau puis versez cette eau dans le saladier. Tournez pour dissoudre complètement la gélatine et, en tournant, ajoutez le lait et l'extrait d'amande pour obtenir une crème.
3/ Versez la crème dans un plat assez profond. Mettez-la au réfrigérateur au moins 2 heures, jusqu'à ce que la crème soit bien prise.
4/ D'autre part, mettez les éléments du sirop dans une petite casserole et portez à ébullition. Laissez le sirop refroidir puis placez-le au réfrigérateur.
5/ En utilisant un couteau aiguisé, découpez la crème aux amandes en cubes (ou losanges) d'environ 2 cm de côté.
6/ Mettez les cubes dans un grand bol (ou dans des coupes individuelles), ajoutez-y le cocktail de fruits, puis versez dessus le sirop préparé. Vous pouvez également utiliser le sirop des fruits.

97. Pommes glacées

Pour 6 personnes. *Préparation :* 15 mn. *Cuisson :* 30 mn.

Ingrédients

4 pommes reinettes
2 œufs
300 g de farine
Pour le sirop
1 verre (1/5 de litre) de miel liquide
1/2 verre d'huile d'arachide

Préparation

1/ Battez les œufs puis mélangez-les avec la farine et 1 verre d'eau pour obtenir une pâte lisse et homogène (utilisez de préférence un batteur électrique).
2/ Épluchez les pommes et découpez chacune d'elles en huit quartiers.
3/ Trempez les quartiers de pomme dans la pâte.

Cuisson

1/ Faites chauffer 1 litre d'huile d'arachide jusqu'à 180o dans une poêle profonde.
2/ Faites frire les beignets de pomme jusqu'à ce qu'ils aient un teint assez doré. Retirez-les et laissez-les égoutter soigneusement sur du papier absorbant.

3/ D'autre part, préparez le sirop en portant à ébullition le miel et l'huile dans une casserole. Utilisez le feu doux. Tournez la préparation continuellement avec une spatule.
4/ Ajoutez les beignets de pomme et continuez à tourner quelques minutes pour bien les enrober de sirop.
5/ Huilez généreusement un plat de service et mettez-y les beignets chauds.
6/ Servez les beignets en les accompagnant d'un saladier contenant de l'eau et des glaçons.
7/ Pour déguster, chaque convive, à l'aide de ses baguettes ou de sa fourchette, prendra un beignet encore assez chaud, le trempera quelques instants dans l'eau glacée, l'égouttera et le mangera.

Remarques

1/ Vous pouvez faire le glaçage des beignets vous-même dans la cuisine. Mais vous devez les servir rapidement, car la couche caramélisée s'amollit après environ 30 mn.
2/ Pour qu'il y ait glaçage, il faut que les beignets soient assez chauds.
3/ La tradition veut qu'une cuillerée à soupe de sésame noir (difficile à trouver en France) soit ajoutée au sirop, de sorte que les beignets soient tachetés de « grains de beauté ». On utilise généralement du sésame blanc dans les restaurants chinois et vietnamiens en France.
4/ On peut remplacer les pommes par des bananes ou des tranches d'ananas.

98. Merveilles au sésame

Pour 4 personnes. *Préparation* : 45 mn. *Cuisson* : 15 mn.

Ingrédients

200 g de sucre
1 œuf
1/2 verre de saindoux (ou beurre)
1 cuillerée à café d'extrait d'amande
300 g de farine
5 cuillerées à soupe de graines de sésame blanches
10 g de levure chimique (levure d'Alsace)
1/4 de cuillerée à café de sel

Préparation

1/ Battez l'œuf, le saindoux, l'extrait d'amande, le sel et le sucre pour obtenir une crème.
2/ Incorporez graduellement la levure et la farine en mélangeant à l'aide d'une cuiller en bois pour obtenir une pâte.
3/ Pétrissez la pâte 15 mn jusqu'à ce qu'elle devienne ferme et élastique.
4/ Prenez la valeur d'1 cuillerée à café de pâte et roulez-la entre vos mains pour former une boule. Roulez ensuite la boule dans le sésame pour l'enrober de graines. Répétez l'opération jusqu'à épuisement de la pâte.
5/ Huilez légèrement une ou plusieurs plaques à

pâtisserie puis disposez-y les boules en laissant entre elles un espace de 1 cm.

Cuisson

1/ Préchauffez le four 15 mn à 5.
2/ Faites cuire les boules dans le four. La cuisson dure environ 15 mn.

Remarques

1/ On peut faire frire les boules dans de l'huile d'arachide chauffée préalablement jusqu'à 180°. Il est normal que les boules éclatent pendant la friture.
2/ Vous pouvez étaler la pâte au rouleau puis, à l'aide d'un couteau aiguisé ou d'une roulette à pâtisserie, y découper des morceaux aux formes que vous avez choisies. Vos merveilles pourront donc, au lieu d'être des boules, ressembler à des oiseaux, des papillons, des fleurs, etc.
3/ Gardées dans une boîte hermétique, ces merveilles se conservent plusieurs semaines.

99. Poires au miel

Pour 4 personnes. *Préparation* : 20 mn. *Cuisson* : 30 mn.

Ingrédients

4 poires pas trop mûres

4 grandes cuillerées à soupe de miel
1 cuillerée à café de cannelle en poudre (ou de gingembre frais écrasé et finement haché)

Préparation

1/ Enlevez la calotte des poires.
2/ A l'aide d'un couteau ou d'une cuiller, faites un trou dans chaque poire en enlevant une partie de sa pulpe.
3/ Versez 1 cuillerée à soupe de miel et 1/4 de cuillerée à café de cannelle dans chaque trou puis remettez les calottes.
4/ Placez les poires en position debout dans un plat allant à la marmite à vapeur.

Cuisson

1/ Faites cuire les poires à la vapeur 15 à 30 mn suivant la taille et le degré de maturité des poires *(voir procédé de cuisson p. 12)*.
2/ Servez chaud.

Remarques

1/ On peut remplacer les poires par des pommes.
2/ Ce dessert, tout simple et pourtant délicieux, est recommandé en cas de rhume et de toux.

100. Cacahuètes rôties aux cinq-épices

Pour 6 personnes. *Préparation :* 35 mn. *Cuisson :* 1 h.

Ingrédients

500 g de cacahuètes fraîches décortiquées
1 cuillerée à café de poudre aux cinq-épices *(voir liste de produits chinois à la fin du livre)*
2 cuillerées à café de sel fin

Préparation

1/ Faites blanchir puis enlevez la peau des cacahuètes.
2/ Mélangez dans une casserole le sel, les épices et 10 cuillerées à soupe d'eau. Portez à ébullition, puis éteignez immédiatement le feu. Ajoutez les cacahuètes dans la casserole et mélangez bien.
3/ Étalez le mélange sur la lèchefrite ou un grand plat en pyrex.
4/ Préchauffez le four 15 mn à 4.

Cuisson

1/ Faites rôtir les cacahuètes dans le four jusqu'à ce qu'elles aient une teinte légèrement dorée (environ 1 heure). Retournez de temps en temps avec une spatule.
2/ Servez chaud ou froid.

Chapitre

10

Recevoir à la chinoise

► *Il serait bon qu'une maîtresse de maison puisse organiser de temps en temps une soirée chinoise pour le plus grand plaisir de ses invités. La saveur insolite et exquise des plats qu'elle offrira ne manquera certainement pas d'être appréciée par tous. Confectionner un excellent repas chinois est chose relativement facile, même dans le contexte de la vie occidentale, dès lors qu'on connaît certaines règles fondamentales.*

Composition d'un menu chinois

Une maîtresse de maison chinoise, lorsqu'elle veut offrir un dîner, ne pense probablement pas à établir un menu. Tout d'abord, elle va faire le tour du marché, achète ce qu'il y a de plus frais et de plus avantageux, puis compose son menu en fonction de ses acquisitions. Cette pratique est vivement conseillée, d'autant plus que la souplesse est une des caractéristiques essentielles de la cuisine chinoise.

Un menu chinois, à la différence des menus occidentaux, n'est pas centré sur un plat principal, mais se compose d'un certain nombre de plats qui ont à peu près la même importance ; c'est donc en quelque sorte un buffet. Les plats peuvent tous être servis en même temps, comme c'est le cas pour les repas familiaux, ou se succéder à un rythme très lent, comme c'est le cas au cours des banquets. Ils doivent combiner des aliments les plus variés possibles quant à leur texture, leur saveur et leur couleur.

Combien de plats faut-il préparer pour votre soirée ? Il n'y a pas de règle rigide. Un seul plat, comme la Fondue chinoise *(Recette 91)*, peut convenir lors d'un dîner de deux ou trois heures, à la satisfaction de tous. En général, il est bon de prévoir un poisson, une volaille, un plat de bœuf ou de porc accompagné de légumes, une soupe et un dessert.

La quantité des plats peut être calculée en fonction du nombre des invités. Mais pour être fidèle à la bonne tradition chinoise, recherchez la variété et présentez autant de plats que d'invités. Ainsi, votre dîner comportera quatre plats s'il y a quatre invités, huit plats s'il y en a huit, etc., et les convives se partageront tous les plats.

Voici, à titre d'exemple, pour quatre ou huit personnes, dix menus dont vous pouvez vous inspirer. Les chiffres entre parenthèses indiquent les numéros d'ordre des recettes dans ce livre. Rappelons que bon nombre de plats chinois peuvent être confectionnés à l'avance puis réchauffés au dernier moment sans perdre quoi que ce soit de leur saveur.

Premier menu

Rouleaux de printemps (73)
Soupe pékinoise (82)
Calmars sautés aux champignons (50)
Riz nature (71)
Sablés aux amandes (95)
Thé

Deuxième menu

Potage aux œufs (90)
Porc à l'aigre-doux (2)
Œufs brouillés au crabe (42)
Riz cantonnais (72)
Gelée aux amandes (96)
Thé

Troisième menu

Beignets de crevettes (57)
Bœuf sauté aux oignons (34)
Velouté de maïs (83)
Boulettes perlées (3)
Merveilles au sésame (98)
Thé

Quatrième menu

Salade de germes de soja (69)
Bœuf sauté au curry (37)
Petits pains farcis (78)
Soupe aux palourdes (89)
Poussière de Pékin (94)
Thé

Cinquième menu

Soupe au chou confit (84)
Filets de poisson frits au curry (49)
Émincé de porc aux œufs (4)
Crêpes mandarin (77)
Pudding aux huit trésors (93)
Thé

Sixième menu

Soupe de poisson (86)
Bœuf frit en papillote (32)

Œufs de caille sauce piquante (43)
Poulet sauté aux amandes (19)
Riz nappé (80)
Pommes glacées (97)
Thé

Septième menu

Salade de concombre au poulet (67)
Daurade frite sauce aigre-douce (58)
Velouté de maïs (83)
Omelette chinoise (44)
Nouilles frites à la viande sautée (74)
Gâteau éponge (92)
Thé

Huitième menu

Rouleaux de crêpes mandarin (79)
Potage aux œufs (90)
Bar à la vapeur (51)
Rognons de porc sautés aux mange-tout (9)
Riz nature (71)
Poussière de Pékin (94)
Thé

Neuvième menu

Canard laqué (20)
Crêpes mandarin (77)
Courgettes farcies (68)

Filets de poisson aux cinq-épices (59)
Riz nappé (80)
Sablés aux amandes (95)
Thé

Dixième menu

Salade d'asperges (70)
Poulet frit au miel (17)
Soupe pékinoise (82)
Porc sauté aux cacahuètes (8)
Nouilles sautées aux crevettes (76)
Gelée aux amandes (96)
Thé

Utilisation de baguettes

Il est amusant et pratique de savoir se servir de baguettes. L'apprentissage sera peut-être légèrement difficile pour certains. Mais vous y arriverez avec un peu de patience. Voici quelques indications qui ont toujours été couronnées de succès.

- Tenez votre main droite en position comme nous indiquons figure A *(voir croquis)*.
- Placez une baguette sur la dernière phalange de l'annulaire et dans le creux entre le pouce et l'index. Cette baguette doit toujours rester immobile ; elle se tient en place par la simple pression du pouce (B).
- Placez la seconde baguette sur la dernière phalange du médius et tenez-la en place en

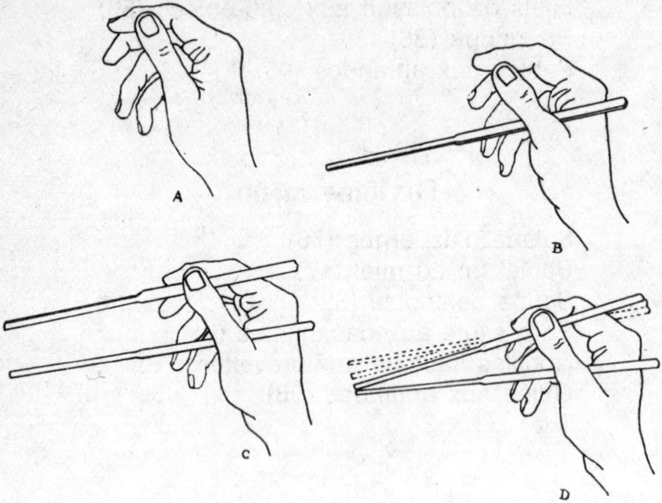

appuyant dessus le bout du pouce et celui de l'index. Ne crispez pas votre main ; le poids de vos doigts suffit pour maintenir les baguettes. Les baguettes doivent être égalisées, c'est-à-dire que leurs extrémités ne doivent pas se dépasser l'une l'autre (C).

- Pressez légèrement le bout du pouce contre la seconde baguette et abaissez l'index et le médius (D).

Votre main doit rester entièrement décontractée. Il n'est pas besoin de serrer vos doigts. Seul le mouvement conjugué de l'index et du médius fait fonctionner vos baguettes.

Bon courage et bon succès !

Règle d'or de la gastronomie chinoise

En Extrême-Orient, bien manger est la première condition de bien vivre. Les plaisirs de la table, par conséquent, sont considérés non comme un simple moyen de subsister mais comme une fin en soi. C'est en mangeant qu'on se réalise. Les repas, en outre, revêtent toujours un caractère social de haute importance.

La règle d'or de la gastronomie chinoise est donc de chercher à savourer le mieux possible sa nourriture, et ce en toute décontraction et en agréable compagnie.

Appendice

Quelques produits chinois

Je ne saurais trop insister sur le fait que vous pouvez réaliser pratiquement toutes les recettes proposées dans ce livre sans avoir besoin de produits étrangers à la cuisine occidentale. Si vous trouvez dans une recette un ou deux ingrédients chinois que vous n'avez pas sous la main, remplacez-les par d'autres ingrédients à votre disposition ; la présence de ces ingrédients chinois n'est en aucun cas une condition indispensable.

Tous les produits chinois dont je donne ici la liste sont en vente en France. Vous les trouvez au rayon des produits exotiques des supermarchés et dans la plupart des magasins d'alimentation, des épiceries fines et des magasins de produits diététiques. Vous les trouvez aussi, bien entendu, chez les épiciers asiatiques qui sont installés dans toutes les villes françaises de quelque importance.

Cette liste n'est pas limitative. Le nombre des produits alimentaires chinois commercialisés en France est considérable. La pratique de mes recettes vous donnera l'idée d'utiliser tous ces produits à bon escient. D'ailleurs, les modes d'emploi sont toujours bien indiqués sur les emballages.

Les légumes

Champignon noir. Sorte de champignon séché de couleur noire qui, détrempé, augmente de 4 à 5 fois son volume. Sa texture est à la fois gélatineuse et croquante. Il faut toujours le laisser tremper dans de l'eau tiède 1 heure avant de l'utiliser. Il peut entrer dans la composition de n'importe quel plat. Si possible, ne le faites pas trop cuire. Vendu en sachet. Se conserve indéfiniment.

Champignon parfumé. Champignon chinois ressemblant à la morille dont le parfum est pénétrant et exquis. Vendu sec en sachet. Il est nécessaire de le laisser tremper 30 mn dans de l'eau tiède avant de l'utiliser ; on peut avantageusement utiliser l'eau de trempage pour sauces et potages. Il s'accommode avec n'importe quel plat ; peut être remplacé par la morille ou le champignon de Paris et se conserve un temps illimité.

Fleur de lis. Légume chinois ayant la forme d'une fleur de lis, à la saveur délicate et au goût légèrement sucré. Laissez-le tremper 30 mn dans de l'eau tiède avant l'utilisation. Il peut entrer dans la confection de tous les plats sautés et les potages. Ne pas trop cuire. Vendu sec en sachet. Il se conserve un temps illimité.

Germes de soja. Légume léger et savoureux. Ils se vendent frais dans les épiceries asiatiques et certains supermarchés. On les trouve en boîte un peu partout. Il est conseillé de rincer abondamment à l'eau très froide pour les raidir avant l'utilisation, les germes de soja en conserve. Ils peuvent faire partie de n'importe quel plat ou se manger seuls. Ne pas trop cuire. Les germes de soja peuvent être remplacés par le poivron dans tous les cas.

Maïs. Le meilleur maïs doux pour la cuisine est celui venant d'Italie. Il peut faire partie de tous les plats sautés. Voir aussi Recette 83. Il peut être remplacé par des amandes ou des noix dans tous les cas.

Pousse de bambou. Un des légumes chinois les plus connus et les plus appréciés. Vendu en boîte. Présenté en tranches ou en entier. Il n'a pas de goût spécial mais s'approprie facilement les saveurs des ingrédients avec lesquels il est cuisiné et s'accommode avec tous les plats. Il peut être remplacé par le céleri en branche pour la texture. Ne pas trop cuire.

Châtaigne d'eau. Racine bulbeuse d'une plante aquatique à la saveur fugitive et au goût délicieusement croquant. Elle se mange nature comme un fruit ou peut entrer dans la composition de tous les plats (sauf les potages). Connue aussi sous le nom de *liseron d'eau*. Vendue en boîte. Elle peut se remplacer pour la texture par le céleri en branche ou, mieux, le radis.

Choux chinois. Au moins trois sortes de choux chinois sont commercialisés en France — frais dans les épiceries asiatiques et en boîte dans les magasins d'alimentation. Les choux en boîte sont généralement conservés au sel et au vinaigre. Présentés ainsi, ils s'emploient principalement comme condiment. Pour les utiliser à la place des légumes, rincez-les abondamment à l'eau froide au préalable. On peut les remplacer, comme légume, par le chou vert ou le brocoli, et comme condiment, par des cornichons.

Les produits de mer

Abalone. Sorte de gros mollusque des mers chaudes dont la chair est excellente à condition de la faire cuire très rapidement. Vendu en boîte. Il peut être utilisé dans la confection des potages et des farces. Le plat d'abalones sautées aux légumes est une des plus savoureuses recettes chinoises. On peut toujours remplacer ce produit par des coquilles Saint-Jacques *(Recette 61)*.

Crabe. La chair de crabe en boîte vendue en France vient de plusieurs pays asiatiques et de l'U.R.S.S. Le crabe asiatique est bon et beaucoup moins cher. On peut avantageusement utiliser du crabe pour faire des farces, omelettes et salades.

Crevettes séchées. Les crevettes asiatiques séchées au soleil sont en vente partout en France. A part le fait qu'elles sont riches en protéines, vitamines et sels minéraux, elles ont un goût très caractéristique. On peut les employer comme des crevettes fraîches, à condition de les laisser tremper au moins 30 mn dans de l'eau tiède, pour confectionner n'importe quel plat. Elles sont particulièrement utiles pour les farces et presque indispensables pour le Riz cantonnais *(Recette 72)*. Leur eau de trempage peut être utilisée pour faire des potages ou des sauces. En général, on n'utilise les crevettes séchées qu'en très petites quantités, comme condiment plutôt que comme un des principaux ingrédients d'un plat. Vendues en sachet ou au poids.

Chips aux crevettes. Connus en France sous le nom de *beignets de crevettes,* ces chips sont faits de pâte de crevettes et de fécule. Jetés dans un bain d'huile chaude (160°), ils gonflent en quelques secondes pour ressembler à de gros chips de pommes de terre. Il faut les retirer de l'huile dès qu'ils remontent à la surface et les laisser égoutter soigneusement sur du papier absorbant. Si l'huile n'est pas assez chaude, les chips tardent à gonfler et deviennent gras ; si l'huile est trop chaude, ils gonflent peu et se brûlent. Mis dans une boîte ou un sac fermés hermétiquement après avoir refroidi complètement, ces chips restent croustillants pendant une semaine. C'est un amuse-gueule léger et délicieux. Les chips de crevettes sont en vente partout. Vendus en boîte.

Le riz et les pâtes

Riz gluant. Sorte de riz à l'aspect crayeux qui ne se trouve actuellement que dans les épiceries asiatiques. Il devient glutineux après la cuisson, d'où son nom. Il est délicieux. On l'emploie surtout pour la préparation des Boulettes Perlées *(Recette 3)* et de diverses farces *(Recette 93).* On peut substituer au riz gluant l'orge perlé ou encore le riz ordinaire, mais à grain *rond,* qu'on ne lavera que très rapidement avant la cuisson pour ne pas lui enlever trop d'amidon. Le riz gluant, cuit à la vapeur après un trempage de plusieurs heures, est un excellent accompagnement pour tous les plats de viandes rôties en remplacement des petits pains papillons *(Recette 75, Remarque 1).* Je vous conseille d'apprendre à vous servir de ce riz ; je suis sûr qu'il vous plaira.

Nouilles chinoises. Voir les indications en tête du chap. 7.

Nouilles de riz. Voir les indications en tête du chap. 7.

Vermicelle de soja. Appelé encore *nouilles cellophane*, ce vermicelle à base de farine de soja, ressemble à des fils de nylon. Il est extrêmement léger et digestible. Son goût est neutre, mais il s'approprie celui de tous les ingrédients avec lesquels il est cuisiné. On peut l'utiliser pour confectionner un grand nombre de plats, tantôt comme nouilles, tantôt comme légume. Désigné parfois sous le nom de *fenzu*, il est vendu en sachet partout en France.

Galettes de riz. Ce produit exclusivement vietnamien se trouve partout en France. On l'utilise surtout pour faire le fameux Pâté impérial vietnamien (consulter notre ouvrage *La Cuisine vietnamienne et chinoise,* Éditions Marabout). Mais on l'utilise aussi pour faire des Rouleaux de printemps afin de gagner du temps ; le résultat est tout aussi heureux. Cependant, les Rouleaux de printemps, pour être purement chinois, doivent se faire avec de la pâte aux œufs *(Recette 73).* Les galettes de riz sont vendues en sachet.

Les épices, aromates et condiments

Poudre aux cinq-épices. Appelée aussi *épice aux cinq-parfums,* cette poudre est composée de cannelle, d'anis étoilé, de fenouil, de clou de girofle et de poivre du Sichouan (cette dernière épice peut être remplacée par la cardamone ou la coriandre). Elle relève le goût de tous les plats de viandes rôties et est indispensable pour le fameux Canard laqué *(Recette 20).* Vendue en petit pot ou sachet partout en France. A défaut de cette poudre, utilisez le pimenta (quatre-épices) bien connu en cuisine française.

Anis étoilé. Fleur de la badiane ressemblant a une étoile à huit pointes. Vendue dans tous les supermarchés. Utilisée surtout dans les potages et les plats mijotés (Recette 41 par exemple), seule ou avec le clou de girofle. En France, on utilise l'anis étoilé pour la fabrication de l'anisette. On en fait aussi une tisane quelque peu aphrodisiaque.

Gingembre. Racine tubéreuse d'une plante originaire des pays tropicaux à saveur pénétrante et très agréable. Elle se vend fraîche ou séchée chez les épiciers asiatiques et en poudre dans les supermarchés. Elle relève le goût de tous les plats et leur donne un cachet typiquement exotique. Le gingembre frais, mis dans un pot et couvert d'un apéritif blanc (vermouth, porto, xérès), peut se conserver plusieurs mois. Laissez tremper le gingembre séché 24 heures dans de l'eau froide avant de l'utiliser. On peut trouver également du gingembre confit qui est une délicieuse friandise. Aucun produit de remplacement.

Piment. Vous pouvez acheter partout des piments séchés ou conservés dans du vinaigre ou encore en purée à l'huile. Il existe aussi du piment en sauce plus ou moins épaisse appelé souvent *chili sauce* ou *chili paste*. Utilisez comme remplacement la sauce Tabasco.

Ciboule. Sorte d'ail rappelant plus l'oignon que l'ail d'ailleurs, dont raffolent les Chinois. On la cultive dans le Midi de la France où elle est mieux connue sous le nom de *Civette*. Elle peut se remplacer, comme accompagnement de presque tous les plats, par le poireau ou petit oignon avec feuilles, et comme élément d'une marinade, par l'échalote (Recette 87 par exemple).

Graine de sésame. Les qualités diététiques et médicinales de la graine de sésame sont connues depuis la plus haute Antiquité. En cuisine chinoise, on l'utilise surtout comme condiment et aussi dans la confection des friandises. Une cuillerée à café de graines de sésame, grillées légèrement dans une poêle non huilée, relève le goût des sauces et d'un grand nombre de plats.

Haricots de soja. Plusieurs sortes de haricots de soja salés et fermentés sont vendues en boîte pour être utilisées comme condiment. Elles relèvent le goût d'un large éventail de plats et plus spécialement de ceux de viandes et de poissons. On écrase généralement les haricots en pâte avant de les utiliser. Vous pouvez substituer à ces haricots la sauce de soja.

Sauce de soja. Sauce faite à base de soja fermenté, de sel et de farine de blé. C'est le principal condiment de la cuisine chinoise. Avec cette seule sauce, on peut confectionner un grand nombre de plats authentiquement chinois. Vendue partout en bouteille, flacon ou boîte. Aucun problème de conservation. Elle s'emploie aussi comme condiment de table ; dans ce cas, elle est souvent assaisonnée de jus de citron (ou de vinaigre), sucre, ail et/ou piment, etc. *(Recette 15, Remarque 2).*

Nuoc mam. Fameuse sauce vietnamienne faite à base de poisson (saumure de poisson) vendue partout en bouteille ou flacon. Extrêmement riche en vitamines et sels minéraux. Les connaisseurs en raffolent, malgré son fumet assez fort. Elle joue le même rôle que la sauce de soja. Il est conseillé d'ajouter à cette sauce un peu de jus de citron et/ou de sucre si on l'emploie comme condiment de table. Elle se conserve un temps illimité. A défaut de *nuoc mam* ou de sauce de soja, utilisez le Viandox liquide, la sauce Maggi ou encore la sauce Worcestershire.

Glutamate. Extrait du gluten des céréales ressemblant au sucre en poudre. Ce condiment, vendu partout en sachet ou flacon, relève le goût de tous les plats. Mais il faut se garder d'en abuser pour ne pas émousser votre palais. Ne l'utilisez que lorsqu'un plat risque réellement d'être fade ; c'est souvent le cas des bouillons. 1/2 cuillerée à café de glutamate devrait suffire pour 3 ou 4 litres de bouillon. Aucun problème de conservation.

Sauce d'huître. Sauce épaisse de couleur brune faite à base d'extrait d'huître. Donne un goût incomparable à tous les plats sautés (Recette 35 par exemple). Vendue en bouteille dans les épiceries asiatiques. Vous pouvez préparer vous-même la sauce d'huître :

Utilisez 1 douzaine d'huîtres et 3 cuillerées à soupe de sauce de soja ; hachez la chair des huîtres ; mélangez le hachis avec le jus des huîtres et portez lentement à ébullition dans une petite casserole ; laissez mijoter à feu très doux 20 mn à couvert ; filtrez ensuite le liquide à l'aide d'une passoire à mailles très fines puis jetez les éléments solides ; mélangez le liquide avec la sauce de soja. Mise dans un bocal en verre bien fermé et gardée au réfrigérateur, cette sauce peut se conserver plusieurs mois.

Huile de sésame. Cette huile, comme les graines de sésame *(voir plus haut)*, donne un excellent goût à tous les plats, surtout les plats sautés et les soupes. On l'utilise aussi pour assaisonner les sauces. N'incorporez l'huile de sésame à un plat qu'au dernier moment, car la chaleur détruit facilement son parfum exquis. Vendue en bouteille dans les épiceries asiatiques et les magasins de produits diététiques. Elle se conserve indéfiniment.

Alcool de Chao Xing. Connu en France sous le nom de *vin jaune chinois,* cet alcool de 14 à 19°, fait à base de riz, est très souvent utilisé comme vin de cuisson. On peut sans inconvénient le remplacer par le xérès (sherry) sec ou un apéritif blanc sec quelconque (vermouth, porto).

Sauce hoisin. Connue aussi sous le nom de *barbecue sauce*. C'est une sauce épaisse faite de pâte de haricots fermentés et de différentes épices ; elle a un goût sucré assez prononcé. Elle sert de condiment de table ou de cuisson ; elle accompagne notamment les plats de viandes rôties. Vendue en boîte. A défaut, utilisez des haricots salés et fermentés (voir plus haut) que vous écraserez pour obtenir une pâte et que vous mélangerez avec un peu de sucre et d'ail. Vous pouvez également utiliser la sauce *ketchup* à laquelle vous ajouterez un peu de sucre, d'ail et de sauce de soja.

Les fruits

On trouve une multitude de fruits chinois séchés ou en boîte dans le commerce en France. En voici quelques-uns que vous pouvez utiliser comme desserts.

Litchi. Il s'écrit aussi *letchi* ou *lychee*. Fruit dont on mange la pulpe blanche et juteuse. Son parfum rappelle celui de la rose. Vendu en conserve au sirop. On peut trouver ce produit partout en France. Il constitue un excellent dessert exotique.

Longane. Autre fruit chinois à pulpe blanche et juteuse. Son goût est différent de celui du litchi mais tout aussi bon. Vendu au sirop en boîte un peu partout.

Loquat. Espèce d'abricot chinois dont le goût n'est pas sensiblement différent de celui de l'abricot occidental. Vendu au sirop en boîte.

Kumquat. Sorte de minuscule mandarine chinoise qu'on mange sans jeter l'écorce. Vendue confite en sachet ou au sirop en boîte. Servie dans tous les restaurants chinois et vietnamiens en France.

Les boissons

Thé. Il y a deux principales sortes de thés commercialisés en France : le thé vert, qui n'est pas fermenté est beaucoup plus fort que le thé noir, qui est fermenté. Les thés chinois sont souvent parfumés de fleurs diverses (jasmin, rose, lotus, camélia, narcisse, chrysanthème, litchi, fleurs de citronnier, de prunier, etc.), ce qui leur donne un goût très agréable. Vendus partout en France.

Alcool de Chao Xing. Ce vin de riz de couleur ambrée s'emploie non seulement en cuisine *(voir plus haut)* mais encore et surtout à table. On le boit pendant le repas. Il est nécessaire de le servir *tiède* (réchauffé) et pas seulement chambré. Vendu en bouteille chez les épiciers asiatiques.

Mei Kuei Lu. Alcool chinois de 54-55° mondialement connu. Fait à base de sorgho et d'une variété spéciale de roses. Son bouquet est délicieux. On le boit pendant le repas. On l'utilise aussi pour flamber certains desserts (Recette 93 par exemple). Vendu en bouteille chez les épiciers asiatiques et dans certains supermarchés.

LISTE ALPHABÉTIQUE DES RECETTES

(Les chiffres renvoient aux numéros d'ordre des recettes)

R

S

T

V

TABLE DES MATIÈRES

Composition réalisée par C.M.L. - MONTROUGE

IMPRIMÉ EN FRANCE PAR BRODARD ET TAUPIN
7, bd Romain-Rolland - Montrouge - Usine de La Flèche.
LE LIVRE DE POCHE - 12, rue François Ier - Paris.

ISBN : 2 - 253 - 02431 - 7 30/7738/5